憲 法 入 門

〔第 4 版補訂版〕

伊藤正己著

有斐閣双書

第四版補訂版はしがき

第四版の刊行後、政治や司法の場面で盛んな改革論議が展開され、新たな法制度の設立や諸法規の制定・改廃をみせている。これが憲法論議にもかなりの変化や発展をもたらしていることは明らかであり、本書にその動向を盛り込むことが必要であると感じられた。しかし、今の私にはその作業をする力が十分でなく思案していたところ、学習院大学法科大学院教授の戸松秀典氏からの協力を得ることができた。こうして、本書は、幸いにも、アップデイトな情報を取り入れた補訂版として、読者の利用の便宜に応えることができるものとなった。さらに、迅速な刊行に努力なさった有斐閣編集部の藤本依子、小野美由紀の両氏にも厚く御礼を申し上げたい。

二〇〇六年二月

伊藤正己

第四版はしがき

一九四七年に施行された日本国憲法は、ときにきびしい改正論議にさらされながらも、半世紀の過程で戦後の日本の基盤として国民の間に定着度を高めてきた。しかし、国力の充実した国として果たすべき国際協調の見地から、あるいは二一世紀の日本に適合した内容をもつべきであるとの考え方から、改正の必要があるという有力な主張がある。これからも憲法をめぐる論議はつづくであろう。憲法のあり方について最終の決定権をもつ国民としては、正しく憲法を理解しておかねばならないであろう。

本書は、まず、憲法に関心をもつ一般の人びとのために、できるだけ読みやすく、平易に日本国憲法を解説したもので、これが憲法を国民のものとするに役立てば幸いである。同時に、憲法を体系的に学ぶ学生のための入門的な教科書の役目を果たすよう構成や叙述に配慮したつもりである。各章節の冒頭に問題の提起をしたが、読者にはその問題を考えながら以下の説明を読んでほしいと思っている。さらに、本書が憲法をすでに学んだ人びとにも有用であることを意図し、その解釈運用をめぐる論点や困難な問題にも言及した。このように多くの目的を追求したために、紙数の限られていることとあいまって、説明が必ずしも十分でなかったのではないかとおそれている。

初版（一九六六年）、新版（一九七九年）、第三版（一九九三年）は、いずれも幸いにして多くの読者をもつことができた。ここに第三版以後の判例・立法の発展や学説の展開に加えて、著者の最高裁判所裁判官としての経験をもとりいれて、第四版を世に送ることとした。旧版と同じく、読者の批判をうけたいと思っている。

法令の条項の引用は、前後の記述から明らかな場合を除き、法令名のないところはすべて日本国憲法の条項である。判例については、本文では裁判所と判決日のみをあげた。出典については判例索引を参照されたい。

本書の執筆にあたっては、多くの著書論文を参照させていただいた。引用を一切省略したが、それらの著者に感謝の意を表したい。最後に、第四版の刊行についてお世話をいただいた有斐閣の副島嘉博、藤本依子の諸氏に厚く御礼をのべたいと思う。

一九九八年二月

伊藤正己

目　次

第 *1* 章　憲法とは何か

◉問題の提起

古代国家においては、最高の権力をもつ者の命令は絶対的な力をもっており、法的にみて皇帝はその意のままに国政を行うことができた。このような体制の国家は憲法をもっていたということができるであろうか。近代にはいって、有名なフランスの人権宣言（Déclaration des droits de l'homme et du citoyen, 1789）の一六条は、「権利の保障が確保されず、権力の分立が定められていない社会はすべて、憲法をもつものではない」とのべている。さらに、「一八世紀において憲法をもっていたのは、世界のうちでイギリスだけであった」といわれながら、「一九世紀の文明諸国で憲法をもっていないのはイギリスのみである」という表現がされることがある。このような言葉は、はたしてどのような意味をもっているのであろうか。これらの問に答えるためには、「憲法」という言葉がそれぞれ何を意味しているかを明確に理解することが必要である。

ある会社に就職した社員が三ヵ月の試用期間の満了のときに、採用試験の際の調書に学生運動の経歴を秘匿したという理由で本採用を拒否され、そのことを違法と争った事件がある。この事件で、会社が入社試験において応募者の政治的思想や信条を調査することが許されるかどうかが問題となった。最高裁判所は、憲法の保障する自由権も私人の間では直接の効力をもつものではなく、会社は、特定の思想の者を雇い入れないことも、事前に思想を調査することも許されるとし、ただ私人間の人権侵害が許容される限度を超える場合には、民法一条、九〇条や不法行為の規定などの運用によって、私的な自治を制限できる、と判示した（最大判昭四八・一二・一二）。この事件は、はたして憲法の規定が私人相互の間においてどのような効力をもつかという問題を提起しているのであって、現代の憲法のもつ機能について考えさせる点を含んでいる。

以上にあげた問題を念頭におきながら、憲法とは何かということを考えてゆくことにしよう。

実質的意味の憲法

憲法という言葉にはいろいろの意味があり、憲法というときにそれがどの意味の憲法であるかを明確にしておく必要がある。最も普通には、国法のうちで、国家の統治の基本的体制または根本の秩序を定める法規範を全体として憲法という。そこには、統治の主体、組織、作用、治者と被治者の関係などについての基礎的なことがらを定める法が含まれている。基礎法とか根本法と呼ばれるのは、この意味の憲法のことであり、それは、実質的意味の憲法あるいは固有の意味の憲法といわれる。

実質的意味の憲法は、およそ国家である以上必ずそなえているものである。このような根本法をもたなければ、国家として存在することはできない。国家の初歩的段階ともいえる古代国家でも、権力的な秩序がそなわっている以上、この意味での憲法をもっているのである。もとより、その内容は、一人の自然人が絶対的権力をにぎり、その個人としての意思が無制約に通用することを認めるにとどまり、それ以上にその権力を拘束する規範のない単純なものであるかもしれず、また法規範といっても、成文のものではなく、むしろ事実上の支配状態のうちに形成されたいわば慣習的なものにすぎないであろうが、それにもかかわらず、それはその国家の統治の体制の根本原則を示しているのであって、憲法と呼んでよい。日本においても、日本国家の成立このかた、今日に至るまで、固有の意味における憲法をつねにもっていた。

近代にはいって、個人の尊厳を基盤とする市民社会が成立することになると、専制主義の国家体制を否定し、国家権力も無制約に国民を規制しうるものではないことが主張されるに至った。近代国家は、このようにして、多かれ少なかれ、政治上の自由主義に立脚して、国家の権力の行使に制限を加えることを基本的たてまえとすることになった。したがって、根本法もまた、一方で国家の統治の権力に法的根拠を与えると同時に、他方で、その権力に制約をおくことを内容とするものになる。このように、国家権力が憲法の制約をうけ、国政が憲法の定めるところにしたがって行われることを立憲主義（constitutionalism）と呼ぶのであるが、近代においては、立憲主義の原理を含まない憲法は真の憲法ではないという考え方が強くなったのである。このような立憲主義を基礎とする憲法は、特定の内容をもつ憲法である。それは、近代的意味の憲法あるいは立憲的意味の憲法といわれる。

イギリスにおいては、中世においてすでに、「国王といえども神と法の下にある」という思想があり、この「法の支配」の原理は、君主の専制権力を否定し、それが法によって規律されることを認めたものであって、立憲主義の萌芽といえるものである。そして、世界の各国にさきがけて、一七世紀の近代革命によって、その思想が憲法上の原理として確立をみた。したがって、憲法を立憲的意味で理解するかぎり、近代初期においてはイギリスのみがそれをもっていたと考えられる。やがて、多くの国で近代革命が成功し、絶対主義体制が崩壊するに及び、近代的意味での憲法が当然のものとして確定されていった。フランス人権宣言一六条は、このような憲法概念の成文の表現として典型的なものである。これらの近代諸憲法は、権力を制約するという面を憲法の中心的部分であると考えており、とくに、自由主義思想が最も支配的であった一九世紀の欧米諸国において、立憲主義は高い評価をうけ、今日では、憲法の原則とか憲法上の制度とかいうときには、当然に立憲的意味における憲法を指すものといってもよいのである。日本においても、欧米流の立憲主義が明治時代にうけいれられ、近代的意味での憲法がはじめて成立した。

立憲的意味の憲法

このような立憲的意味の憲法は、どのような内容上の特徴をもっているか。その核心は、すでにのべたように、国家の権力が法とくに憲法によって制約されること、すなわち「人による政治」でなくて「法による政治」を保障するところにある。ここに近代憲法の本質的原理が存在する。日本国憲法は、補則を除く最後の条文において、国政を担当する地位にあるものに対して憲法を尊重し擁護する義務のあることを示している（九九条）。これは国民一般がそのような義務を負わないことを意味しているのではない。国民は、前文の示すように、この憲法を自ら確定したものであり、これを尊重・擁護しなければならないことは当然のことである。しかし、とくに国政を担当し、国家権力の行使に関与する者について、憲法が明文をもってその尊重・擁護の義務を定め、しかもそれを最高法規の章においていることは、根本法はなによりも国家権力を制約するものであるという立憲主義思想、「法の支配」の思想をあらわしているのである。

近代憲法の原則　それでは、このような立憲主義の思想は、具体的にはどのような原則となってあらわれるか。もとより、それはそれぞれの国の歴史的・社会的な状況によって異なる。しかし、つぎの三つの原則は、多かれ少なかれ制度化されて、近代的意味の憲法に共通にとりいれられている。これらを総括して近代憲法の原則ということができよう。これらの諸原則がなんらかの形でとりいれられていて、はじめてその憲法を立憲的意味の憲法と呼ぶことができる。

(1)　国民の政治参加　国民が単に国政の対象として被治者たる地位にとどまるのではなく、直接または間接に国政に参加することは、いうまでもなく、君主その他少数の者が権力を独占し、専断的な政治を行うことを制約する最も有効な方法である。実際上、国家の機能が複雑となり、規模が大きくなると、直接に参加することが困難になり、特殊の場合を除いて、国民は代表者を選び、それを通じて間接に国政に参与する、いわゆる代表民主制（間接民主制ともいう）がとられる。これは、一定の構造と権限をもつ議会を通じての政治という形式をとることになる。

(2)　権力の分立　集中された権力はそれを法によって制約することを困難にするから、それを分散させ、相互に抑制させることにより、権力の濫用や恣意的行使を防止するところに、権力分立の原則の意義がある。そしてその基底に流れるのは、権力そのもの、およびそれを行使する人間に対する不信・猜疑の念である。権力分立の具体化については、それを強くうけいれる国（たとえばアメリカ合衆国）やそうでない国（たとえば立法部と行政部の分化がかなり不明確である議院内閣制をとる国）もあるが、立法、司法、行政という権力の種別に応じて、それぞれ構成を異にする機関を別個に設けて、均衡を保たしめようとする基本的方式は、近代的意味の憲法に共通なものといってよい（連邦と支邦に権力を分割する連邦制や、中央と地方に権力を分ける地方自治制も、一種の権力の分散といえる）。

(3) 基本権の保障　これは、国家の権力の作用に限界を定め、個人の基本権に対して権力の介入することを禁止するものであり、近代憲法の不可欠の部分である。人間の尊厳に基礎をおく立憲主義は、この基本権を保障し、それが権力の支配をうけないことを保障するところに、その最大の特徴を有する。権力の分立も、権力の集中により国民の基本権が侵害されることを防ぐ意味をもっており、基本権確保のための政治組織の原理であるといってよい。そして、近代憲法の保障する人権は、このように国家権力を制約するところに重点があるのであるから、そこで保障されるものが、何よりも「国家からの自由」であることは当然であろう。

以上の三つの原則は、いずれも権力を抑制するという消極的機能をもつものである。もとより、憲法は権力に法的根拠を与えるという目的をもっており、権力の正当性はつねに憲法に求められる。このような憲法の積極面を無視することはできない。しかし、近代憲法を理解するためには、その特徴が権力を制限する諸原理にあることを忘れてはならない。権力を行使する側にとって便宜な憲法というのは、近代憲法と呼ぶことができないのである。これら三つの原則が、日本国憲法においてどのように具体化されているかは、のちに、第5章、第7章、第8章において詳しくのべることにしよう。

形式的意味の憲法

実質的意味の憲法が成文化され、とくに法典の形式をとる場合、それを形式的意味の憲法という。しかし、この場合に、二つの意味の憲法が一致するわけではないことに注意すべきである。もちろん、成文憲法の制定は、できるだけ実質的意味の憲法を成文で明確にしようというのであるから、両者が合致する範囲は広い。しかし、一方で、なんらかの事情で、実質的意味の憲法に属しないような規定が、形式的意味の憲法に含まれることがあるし、他方で、実質的意味の憲法が、形式的意味の憲法以外の法形式、たとえば法律、命令、習律に含まれることが少なくない。日本国憲法を考察する場合にも、憲法典とともにこれらのものをあわせて考えねばならないし、第4章に憲法の法源としてこれらをあげているのもそのためである。

近代憲法の一つの特色は、それが形式的意味の憲法として成文化されていることである。成文憲法の歴史はそれほど古くはなく、ヴァジニア憲法（一七七六年）その他のアメリカ諸邦の憲法、アメリカ合衆国憲法（一七八八年）、フランス憲法（一七九一年）にはじまる。しかし、その後、一九世紀から二〇世紀にかけて、各国で立憲主義を採用した近代的意味の憲法がつぎつぎと成文化され、現在では、ほとんどすべての国が憲法典をもっている。この例外はイギリスであり、そこでは、いくつかの憲法的法律があるが、判例法や習律にゆずられている部分が多く、他国のようにまとまった成文憲法典をもたない。「イギリスに憲法なし」というのは、この意味である（イギリスでもヨーロッパ連合への加入とともに、成文憲法を制定しようとする動きがある）。

近代憲法が成文憲法主義と結びつくのはどうしてか。一般的にいって、社会の構造が複雑になるにしたがい、法律関係を明確にする必要が高まり、それだけ成文法への要求が強くなると考えられるが、近代憲法の場合は、とりわけ、旧勢力を打倒した市民層がその政治的変革の成果を成文で明らかにし、そのうちたてた根本秩序を恒久的ならしめようと希求したことがあげられる。立憲主義によれば、国家権力は憲法のうちにその正当性の根拠をもつと同時に、それを法的に限界づけねばならない。もしその規範が不明確であるときには、新しく権力を行使するに至った者が、それを尊重せずに、憲法にもとづかない権力を行使したり、限界を超えて国政を行うことがおそれられる。もしも、不文法に多くを委ねるときは、新しい権力が、事実のつみかさねによって習律を生みだし、立憲主義を崩す可能性が少なくない。このような考慮が近代憲法と成文憲法主義とを結びつける最も大きな理由であろう。そう考えると、イギリスの場合に、立憲主義の伝統がきわめて早く確立し、しかもそれが市民層の力によって不文法として成立していたため、他国のように成文化によって近代政治原理を維持する必要がなかったことが、一般的な不文法への信頼とともに、そこで成文憲法が採用されていないことを説明するものといえよう。

硬性憲法

近代憲法は、このように成文化されるとともに、通常の立法手続よりも厳重な手続によってのみ改正できるとされるのが普通である。これを硬性憲法（rigid constitution）という。もちろん、特別の改正手続を定めず、通常の立法手続で改正が許されると解されていた一八四八年のイタリア憲法のように軟性憲法（flexible constitution）の例もあるが、成文憲法の特徴の一つとして、硬性憲法主義をあげることができる。日本においても、明治憲法、日本国憲法ともに硬性憲法である。どの程度に厳重な手続にするかは、それぞれの憲法によって異なるが、類型に分けると(ア)普通の立法機関によって改正できるが、定足数や議決の要件を厳しくするなど慎重な手続をとる方式（明治憲法、その他この例は多い）、(イ)改正には特別の憲法会議を設けるものとする方式（南米諸国に多い。アメリカの連邦憲法も部分的にそれを採用する）、(ウ)国民発案（イニシャティブ）や国民投票（レファレンダム）のように国民の参与を認める方式（日本国憲法、その他アメリカのほとんどの州やスイスの憲法がその例である）がある。

現代の憲法が硬性憲法である理由はいくつかある。民主制を強化する意味で、国民を改正手続に参加させるという要請をうけいれること、基本権の保障はとくに少数者の権利の保障に意義があるから、通常の多数決の方法での改正を認めることが不適当であると考えられること、あるいは、連邦憲法においては改正に連邦と支邦の双方の関与を認める必要のあるところから手続が厳重にならざるをえないこと、などがその理由にあげられる。しかし、最も重要な理由は、さきにのべたように、近代憲法が権力を行使する側によって遵守されねばならない根本法である以上、国民やその代表者のつよい反対をおしきって改正すべきではなく、国の根本法が安易で軽率な変更をうけないことを保障しようとするところにある。その意味で、近代憲法が成文化される理由は、同時にそれが硬性のものである根拠にもなっているといわねばならない。ただ、憲法改正手続が困難なために、憲法が社会の要求と遊離することが起こりうる。このことは、後述のように憲法の解釈・運用について考えねばならない問題を提起するのである。また、注意しなければならないのは、硬性憲法であるということは憲法の定める改正手続が厳格であるということにすぎず、実際に改正が困難であることとはつながらないことである。改正が事実として行われるかどうかは、手続の難易よりも、むしろ、ほかにその原因がある。すなわち、憲法の規定が詳細か簡潔か、憲法を政府や国民がどういうものとして意識しているか（たとえば、明治憲法は、それが簡潔なことや、不磨の大典と考えられていたことなどから、一回の改正もうけなかった）、あるいは、政治的・社会的変化により憲法と現実にきびしい隔離が生じているかどうか、それを埋める方法として、解釈・運用の果たす役割をどう考えるか、また、改正を実現するに足りる政治力が存在しているかどうか、などによってきまるのである。日本国憲法は、成立してから半世紀を経過しており、その間の社会の変動、日本国の国際的地位の進展などが相当に顕著であるにもかかわらず、まだ改正をうけていない。

成文憲法の分類　成文憲法は、その制定の主体と方法によって、㋐君主主権の思想にもとづいて君主が制定する欽定憲法（たとえば、明治憲法、一八一四年のフランス憲法）、㋑国民主権の原理にもとづき、国民が直接またはその代表者を通じて制定する民定憲法（たとえば、アメリカ諸州の憲法、一九四六年・五八年のフランス憲法）、㋒君主主権と国民主権との妥協のうえに立って、君主と国民の代表者との合意によって制定される協約憲法（たとえば、一八三〇年のフランス憲法）、㋓多数の国家があつまって連邦国家を作るという特殊の場合にみられる、国家間の合意で作られる条約憲法（たとえば、アメリカ合衆国憲法、一八七一年のドイツ帝国憲法）に分類される。ここで注意すべきことは、これは制定の主体や方法を形式的にみた分類であり、それが憲法の実質的内容や性格を示すものではないことである。欽定憲法であっても、実質上国民の意思を十分にとりいれた民主的な憲法がありうるし、同じ民定憲法に属していても、社会主義国の憲法と資本主義国の憲法との間には著しい差異がある。日本国憲法の場合にそれがどれであるか必ずしも明らかでないことはのちにみるとおりである。したがって、この形式的な分類は現在それほどの重要性をもつものとはいえないと思われる。

現代憲法への展開　近代憲法は、自由主義を基調とする一九世紀の政治原理のもとで最も典型的な姿であらわれたのであるが、二〇世紀になるや、いくつかの点で修正をうけることになった。二〇世紀とくにその後半の政治・社会・経済の要請に応ずる憲法を現代憲法と呼ぶとすれば、それは、近代憲法とは異なる性格をもち、新しい問題を提供するものといえる。二一世紀にもこの状況がすすむであろう。これをどのように考えるかは、現代憲法の課題である。

(1)　権力と自由の同化　国民の政治参与は、民主制の発展によって高度に実現されている。そこでは、国政は国民自身による政治であり、国民の自己決定という原理が成立し、政治権力といっても、国民が国民自身によって支配される体制のもとでは、自由主義のもとでのように国家権力と国民とを緊張関係でとらえるのは適当ではなく（もとより、国民の政治意識の程度などによって、実際にこの緊張関係が消滅することはないが）、むしろ権力と自由は同化し、国民は権力に服従しながらも自由であることができると説かれるのである。

(2) 権力の集中

権力の分立に対する修正の動きがみられる。現代国家が、権力分立制に内在する国家の消極的機能でもってはそれに期待される役割を果たしえなくなり、むしろ権力の統合が要求されるようになる。そして、現実に国家の積極的機能を行うに適した執行権の強化という現象がどこでも進行するのであるが、これに対して、それを抑制するものとして議会による執行権の統制が説かれ、憲法上からみれば、執行権と平等の地位にある立法権という考え方ではなく、立法権の優位を認め、そこに権力を集中させようとする傾向を生む。その考え方を支持するものが、議会は直接に国民を代表するものであり、それを通じて国民は権力を統制するという民主制原理であることはいうまでもない。この議会による統制が実際にどのように働くかには問題が残るが、自由主義にもとづく権力の分立という近代憲法の原理が、現代において、民主制によって修正をうけることが、ここに示されている。

(3) 社会権の保障

基本権の保障においても変化がある。自由国家における「国家からの自由」の強調は、社会の発展とともに、弱い多数者の犠牲において強い少数者の利益の保護に奉仕することになり、そこで保障される自由や平等が形式的であるために、実質的には多数の国民に不自由と不平等をもたらすことになった。そこで現代憲法における基本権は、国家権力の不干渉ではなくて、むしろ国家権力の積極的な関与を求め、それによって実質上の自由と平等を実現しうるものでなければならないとされる。社会権といわれる新しい基本権はこのようにして生まれ、現代憲法のなかにとりいれられてきた。ここにも、近代憲法の修正の過程をうかがうことができる。また、幸福追求権というような包括的な人権を基礎として、現代社会の要請に応じた新しい人権が生みだされることも注目される。

(4) 憲法の国際化

国際社会の形成がすすむにつれて、主権国家をこえた憲法的規範が作り出されていく。とくに人権保障の領域にそれがめだつ。国際人権規約（一九七九年批准）、女子差別撤廃条約（一九八五年批准）、人種差別撤廃条約（一九九五年批准）はその例である。ヨーロッパのような地域では国際的機関である人権委員会、人権裁判所によって「人権条約」が実施されるに至っている。このような国際的な憲法的規範を国内の憲法秩序にどのように生かしていくかは、現代憲法の重要な課題である。国境のもつ壁が薄くなってきた現代社会においては、これまでの主権国家に固執する立場ではなく、国際化の視点から憲法を解釈・運用する必要も生じてくるであろう。

現代憲法と近代憲法

このような現代憲法への展開は、近代憲法の原理の否定をもたらすのか。社会主義憲法といわれるものは、近代の市民社会を前提にした近代憲法とは異なる種類の憲法として、これらを大きく変容させたとみることもできる。そこでは、民主的権力集中の原理がとられ、最高機関に一切の権力が統合されており、三権の分立は単に政治上の技術として残存するにすぎないといってよいし、また基本権の保障にしても「国家からの自由」は重視されず、むしろ実質的な人権保障に意がそそがれている。しかし、このような近代憲法との訣別のみが憲法を現代の要求に合致させる方法とは限らない（むしろ社会主義憲法をもっていた多くの国では、現在、近代憲法への回帰の現象がみられている)。資本主義国家においては、近代憲法の原理の長所を維持しながら、それとの連続性のうえに現代憲法をうちたてようとしている。日本国憲法もまた、そのような方法をとる憲法に属するものである。したがって、日本国憲法を解釈・運用するにあたっては、近代憲法の原理を生かしながら、現代憲法の課題にこたえうるように考えてゆかねばならないのである。

なお、現代憲法のうちには、その内容のみならず形式においても近代憲法と差異のあるものが少なくないことが注目されてよい。統治機構の基本的部分と人権保障のみを成文化した近代憲法は、論理的に明確な内容をもち、法的拘束力のある規定を含むにとどまり、法的意味に乏しい倫理的色彩の濃い規範や、政治の指針ともいえる文章は、それを前文におくことはあっても、本文には書きいれないのが普通であった。しかし、二〇世紀の憲法においては、近代憲法の内容のほかに、国家機能の積極化とくに社会化の要求に応じて、国政の指導原理なり目標なりを、前文のほかに本文に規定するものが多くなってきた。これらの規定は、前文と同じように、憲法解釈の基準となったり、政治の指針として役立つことはあるが、裁判規範としての効力に乏しいのであり、その文言は論理的な解釈に適しないのである。またしばしば重複をいとわずくりかえされることもあり、修辞的表現にも富むのである。日本国憲法はかなり多くのこの種の規定を含んでいる。したがって、憲法の解釈・運用にあたっては、憲法におさめられた規定であっても、その性質の差異に着目してゆくことが必要である。

近代憲法の規制の対象

国家権力の限界を定めているところに近代憲法の重要な意味があるとすれば、個人の権利を保障している場合にも、国家や地方公共団体のような公権力による侵害から保護していることにとどまることになる。本来の憲法の機能は、まさしく公権力の行使のあり方を規制するところにあると考えてよい。この考え方に立つときには、私人相互間の関係を規律することは憲法の役割でなく、私人間には憲法は妥当しないことになろう（なお、国家の行為であっても、売買契約のような純然たる私法的行為について、憲法の適用の有無が問題になる。最高裁判所は、いわゆる百里基地訴訟の判決〔最判平元・六・二〇〕において、それは「国務に関する行為」（九八条一項）にあたらず、原則として私人間の行為と別異に扱う理由はないとしている）。しかし、現代社会において、人権の侵害は公権力のみならず私人によって行われることが多くなり、それと同時に現代憲法が、社会権の保障のように単なる「国家からの自由」にとどまらず、個人の実質的な自由や平等を実現しようとするようになると、社会の秩序を定めるものとして、憲法の要求を私人間にも適用することが望ましいという主張があらわれてくる。これもまた近代憲法の性格を修正しようとする動きの一つとしてとらえることができる。この問題は主として人権保障規定について生ずるものではあるが（ドイツでは基本権の第三者効力の問題ともいわれる）、憲法というものの法的性質をどう考えるかという困難な問題につながるものであるから、本章でふれておくことにしよう。

私人間における憲法の効力

一つの立場は、憲法の規定は直接に私人間にも適用されるとする。その論拠の主要なものは、現在において、憲法は国家の秩序というよりも、国民の生活秩序を定めたものであり、憲法上の原則は、すべての法の分野に妥当する客観的な価値体系を示したものであると考えねばならないこと、および、現代の国家が自由国家から社会国家へと展開した以上、自由は「国家」からの自由に限定されるとみるべきではないということに求められる。しかし、憲法が社会秩序を定めたとしても、直ちにそれが直接に私人間に適用されることとはつながらないし、私人間の関係は、原則として私的自治にゆだねるのが自由国家の基本原則であることを考えると、たとえ社会権や、あるいは客観的な社会秩序となったとみてよい奴隷的拘束の禁止（一八条）のごとき人権については、その権利の性格や機能からみて私人間の効力を認めうるとしても、人権規定を一般に私人間についても直接に適用しうるとする論拠としては十分ではないと解される。これだけの理由で、近代憲法の本質的性格をくつがえすには足りないであろう。

最高裁判所は、校内で政治活動をしないという条件で雇用された私立学校の教師が、その条件違反で解雇された事件で、憲法の保障する人権も自由意思にもとづく約束で制約をうけるのであり、この約束は憲法違反でないと判示し（最判昭二七・二・二二）、憲法が私人の行為にも適用されるという前提にたっているようにもみえるが、それは最高裁判所の考えでなかったであろう。のちに、本章のはじめにあげた、いわゆる三菱樹脂事件において、憲法一九条や一四条の各規定は、他の自由権的基本権の保障規定と同じく、「もっぱら国または公共団体と個人との関係を規律するものであり、私人相互の関係を直接規律することを予定するものではない」として、はっきりと直接適用説を否定した。

他方で、現在の社会の状況からみて、憲法の規律する行為を狭い範囲の公権力の行使に限ることはできないと思われる。実質上国家の行為とみてよいものには、憲法の制約を拡大して適用し、人権保障の範囲を広めることを考えてよい。ただどこまでそれを認めるかは微妙な点を含むのであり、具体的には個々の事実にてらして裁判所が判断することになろう。国から財政的援助をうけたり公の財産を利用している私的団体で、その管理・運営について国の支配を大きくうけている場合などは、それを国と同視してよいと考えられる。さらにすすめば、巨大な企業や全国的な支配力をもつ労働組合のように、社会的実体において国家にひとしい権力をもつ私的団体の行為には、憲法を直接に適用すべきであるという見解もありうるが、この基準はなお不明確で疑問が少なくない。また、本来は私人の行為であっても、たとえばそれが不合理な差別をするものであるとき、裁判所のような国家機関がそれの具体的実現に力をかすならば、それは国家の行為に転化し、憲法の規律をうけることになる場合もありうると考えられる。以上のようにして、私人間の行為に憲法の規定の効力を直接に及ぼしうる場合があることは否定できないであろう。

それでは、それ以外の純然たる私的行為について憲法はまったく効力をもたないか。憲法が定める秩序、とくに、基本的人権が不当に侵害をうけないことは、国家の秩序を構成するものと考えられる。したがって、憲法の規定は、民法九〇条などのような一般条項を通じて、間接的に私人間の行為にも効力を及ぼしうることもあると解される。すなわち、憲法上の権利や自由をなんらの合理的理由なしに私人が侵すならば、その行為は同条にいう公序良俗違反として私法上無効になることがありうるのである。このかぎりでは、憲法の規定は私人の行為を規制するといってよい。最高裁判所も、三菱樹脂事件や百里基地事件で、この考え方を採用している。男女の定年を差別した会社の就業規則を公序良俗に反するとして無効とした判決（最判昭五六・三・二四）も同じ立場にたつものといえる。

第2章　明治憲法の特質

◉問題の提起

明治憲法のもとで、わが国の憲法学には二つの学派が対立していた。それは国家法人説と天皇主権説の対立であった。国家法人説によれば、国家は、権利義務の主体である法人であり、天皇は、その法人のために憲法上の行為を行う機関の一つとしての地位を占めるものである。したがって、それは天皇機関説ともいわれた。これに対して、天皇主権説は、天皇が国の最高の権力をもっていると考える立場であり、天皇機関説を、「国体に関する異説」であり、わが国を民主国と考える誤った考え方であると批判した。大正のはじめ以来、この両説ははげしい論争をくりかえしてきた。天皇機関説が、明治憲法のもとでの国家構造を民主制と解する立場である、というのは正当ではない。なぜならば、国家という法人に主権があると解しても、それを行使する最高機関が天皇であれば、君主制国家であり、したがって国家法人説と君主主権説とは必ずしも矛盾するものではないからである。しかし、実際上は、天皇機関説と天皇主権説とは、憲法の解釈に著しい相違をもたらしたし、政治的に対立する二つの立場をあらわすものであった。すなわち、天皇主権説は、天皇の権限を天照大神の神勅にもとづくもので無制約なものと考え、絶対主義的な天皇制を確保する方向にむかうのに対し、天皇機関説は、天皇を議会などとともに国家の機関であると主張するものであって、そこでは無制限の天皇主権の行使が否定されることになる。この意味では、国家法人説は、民主制の理論に近づく可能性をもちえたのである。

ところが一九三五年に、当時の支配的な政治権力は、天皇機関説を、天皇に主権があるというわが国の「国体」に反するものとして攻撃し、その説をとる代表的学者であった美濃部達吉の著書は発売を禁止され、天皇機関説を教壇で説くことも禁ぜられるに至った。

このように、明治憲法のもとで、するどく対立する考え方が存在したのはどうしてであろうか。そしてまた、天皇機関説が憲法学説として禁圧されるに至ったのはなぜであるか。それに答えるためには、明治憲法の特質とそのあゆみのあとをみる必要がある。

近代日本の発足

徳川幕府の第一五代将軍慶喜は、一八六七年、天皇に大政を奉還し、王政復古が成立して、天皇親政の体制が復活することになった。ひきつづいて版籍奉還（一八六九年）と廃藩置県（一八七一年）とが行われ、封建制は解体されて、中央集権的な近代国家としての日本のあゆみがはじまり、他方で、士・農・工・商などの封建的身分制にもとづく階級組織がつぎつぎと廃止されることによって社会の近代化が促進されていった。明治維新は、この意味において、わが国における近代的意味での憲法を成立させる基盤を作る役割を果たしたのである。
これらの改革の背景には、それまで政治上の発言権の認められなかった公卿、諸侯や一般の武士にも広く発言権を与えようとする「公議」思想があった。五箇条の御誓文（一八六八年）のなかに「広ク会議ヲ興シ万機公論ニ決スヘシ」とうたわれているように、政治への参加者の範囲を拡大した点において民主的議会制の考え方の萌芽を含んでいた。それは封建制の解体とともに、おのずから民選議会の設置の要求へとすすんでいった。とくに副島種臣、板垣退助、後藤象二郎、江藤新平らの提出した民撰議院設立建白書（一八七四年）は、官僚の専制をはげしく批判して、民選議会の設置を求めたものであり、それによって立憲的議会制度の是非の論争が高まったのである。政府も漸進的に民選議会の設立の方向にむかう必要を認め、地方官会議開催の布告（一八七四年）、立憲政体樹立の宣言（一八七五年）、府県会規則の制定（一八七八年）や区町村会法の制定（一八八〇年）による地方の民選議会の設置という措置をとり、立憲体制に移行する準備をととのえていった。

明治憲法の制定　このような民選議会の設立への動きとならんで、政府は成文憲法の制定にも熱意を示した。まず左院に憲法草案の起草の仕事を与え（一八七三年）、さらに左院廃止後は、元老院議長にその起草を命ずる勅語が出されている。元老院は国憲取調委員をして起草にあたらせ、その結果、はじめ「日本国憲按」、のちに「国憲」と題する成案を得たのであるが、いずれも民主的な色彩が強すぎるなどの理由で反対をうけ、採用されずにおわった。なおこの頃、民間でも私人によるさまざまの憲法草案が作られ、その多くは、議院内閣制度を採用し、あるいは民権の保障を強くするなど、民主制の基本原則を認めていたことは注目に値する。このような動きは、当時の政府の当局者の態度を硬化させ、集会条例（一八八〇年）のような自由を抑える施策をとらせることにもなったが、同時に憲法の制定を急がせる動機になったといえる。

政府部内での大隈重信の急進論と伊藤博文の漸進論の対立が、前者の敗北におわるや、一八八一年、いわゆる国会開設の勅諭が発せられ、一八九〇年に議会を開設し、それまでに憲法を制定することが宣明された。翌年、調査のためヨーロッパに派遣された伊藤は、主としてドイツ系の憲法を学んだ。それは、イギリス流の議会中心の制度と異なって、ドイツ流の立憲君主制が、民選議会を認めながらもその権能を制約し、むしろ強大な中央集権政府の権力とその頂点にある天皇の権力を最大限に温存しようとする当時の日本政府の支配的考え方に最も適したものであったからである。伊藤の帰国ののち、華族令の制定（一八八四年）、太政官制の廃止と内閣制の設置（一八八五年）、枢密院の設置（一八八八年）などの憲法制定・議会開設の準備のための措置がとられるとともに、憲法草案の作成がすすめられたが、一八八八年その成案が奏上され、枢密院の諮詢を経て、一八八九年二月一一日、大日本帝国憲法として勅定されて発布された。これがいわゆる明治憲法である。これと同時に、皇室典範をはじめ、議院法、貴族院令、衆議院議員選挙法なども制定されて、ここにわが国の立憲政治があゆみはじめることとなったのである。

明治憲法の二元性

明治憲法は、一方で神権的な絶対主義の原理のうえにたちながら、これに近代憲法の諸原則を微妙に混在させている点で、きわめて特色のある憲法である。このような明治憲法の二元的性格を生みだした背景は何であったか。一方では、すでにみたように、明治維新から憲法制定に至る時期の政府当局における支配的意見は、天皇統治の「国体」を強調することによって強大な政治権力を確立しようとしており、しかも憲法の制定の作業がこの支配的意見の内部においてすすめられた。しかし、他方で、自由民権運動に示されるような世論を無視しさることができなかったことや、あるいは条約改正の必要が、少なくとも外見上は政治体制を近代化することを求めたことをみのがせないであろう。そして、いっそう本質的な原因としては、西洋諸国のように、まず封建制を解体させる絶対主義が役割を果たしたのちに、自由と平等を原理とする政治体制に移行するという発展段階をとる余裕もなしに、絶対主義的権力構造を確立すると同時に、近代的な憲法原理を導入しなければならないという、この時代の日本のおかれた歴史的状況が存在したことをあげなければなるまい。明治憲法はこのような矛盾した契機を内在させざるをえなかったといってよい。したがって、そこには、近代憲法の特色である民主的要素と、前近代的といえる反民主的要素とが併存しているのである。ただいうまでもなく、明治憲法は本質的に天皇の権能を中心とするものであったから、その民主的要素も天皇の権能を制約しないように配慮されていたのである。以下、このような二つの要素の混在という点を中心にしながら、明治憲法の特色をあげておこう。

明治憲法の特色

(1) **天皇主権**　天皇が主権をもつのが明治憲法の根本原理である。しかもその根拠は「天壌無窮」の神の意思にあり、したがって天皇制は、天皇の子孫も国民も変えることができない。そして、天皇は統治権の「総攬者」であり、他の国家機関の権能とされていない事柄はすべて天皇の権能とされ、さらに、すべての統治の権能の淵源は天皇にあるというたてまえがとられている。このような天皇の地位のうちに、君主の権能は神から与えられたものであるという神権説にもとづく絶対主義の考え方が最も鮮明にあらわれている。

また、実質的意味の憲法のうちで皇室に関係する事柄を定める規定は憲法典とひとしい効力をもつ皇室典範にいれられ、それは天皇によってのみ改廃され、帝国議会はそれに関与できないこと、天皇は神社の祭主であり、神社は国の宗教として国民に対して強制されたことも、近代憲法としての性格を歪めるものであった。

(2) 議会制度　帝国議会が設けられ、その構成分子として民選議員が認められたこと、帝国議会の参与なしに法律や予算が成立しえないことは、立憲主義の明白なあらわれであり、それまでの前近代的政治体制からはるかに前進したものである。

しかし、その権限や組織は、民主的な議会の理念からみて不徹底なものであった。まず権限において、政府に対するコントロールは弱く、むしろできるだけ政府が議会の抑制をうけずに行政権を行使できるようにされていた。議会の協力なしに天皇のみで行うことのできる天皇大権の範囲を広く認めていたことは、実際上議会との関係で政府の権能を強いものにした。たとえば、独立命令を発する権能（明治憲法九条）、種々の緊急の権能——緊急勅令（同八条）・戒厳（同一四条）・非常大権（同三一条）・緊急財政処分（同七〇条）——、条約の締結・宣戦（同一三条）、議会の会期の開閉（同七条・四一―四三条）などが天皇の権能として留保されていた。この意味で明治憲法の権力分立主義は、制度的には、政府の議会からの独立に重点をおくドイツ型のものであり、アメリカ型の厳格な権力分立主義、イギリス型の議院内閣制ではなかったといえる。つぎに、組織において、貴族院をおき、それを皇族、華族、勅任された議員で構成し（同三四条）、民選議員から成る衆議院に対立せしめたことは、議会の民主制をその内部においてそこなうものであった。

(3) 大臣助言制　天皇の国務上の行為は、すべて大臣の「輔弼」すなわち助言によるべきものとされ（明治憲法五五条）、実際には大臣の意思のとおりに天皇が行動することが期待された。これはいわゆる大臣助言制であり、君主の独裁を阻止する機能をもつのみでなく、大臣に議会のコントロールが及ぶ限度で、間接的に君主の行動を民主的に抑制しうるものであり、明治憲法の民主的要素にかぞえてよい。もとより、明治憲法において大臣の責任は必ずしも帝国議会に対して負うものではなかったが、議会はその権能を通じてコントロールする道が開かれていた。しかし、すでにみたようにこの議会の権能は不完全であり、さらに皇室の事務と軍に関する事務が大臣助言制から排除されていたために、明治憲法の認める大臣助言制の民主的役割には限界があった。とくに軍務は天皇自らが行うものとされ、軍令機関が事実上は輔弼の任にあたった。この統帥権が内閣からも議会からも独立していたことは、明治憲法のあゆみに大きな影響を及ぼした。なお、枢密院（同五六条）、さらに内大臣や元老のように、議会からのコントロールをまったくうけない地位にあって天皇に助言を与える機関の存在したことも、大臣助言制をいっそう弱めたものといえる。

(4) 司法権の独立　明治憲法は、裁判官の身分を保障すること（五八条）によって、司法権の独立を確立した。国民が独立した裁判所の裁判をうける権利を保障されたことは、明治憲法の民主的側面であり、憲法施行後まもなく起こった大津事件（一八九一年）において大審院長児島惟謙が政府の圧力を拒んで司法権の独立をまもったことにもみられるように、最もきびしく保たれた制度であったといえる。ただ行政事件について、司法裁判所とは別に行政裁判所をおいてこれにとりあつかわせるとともに、それに出訴できる事項を法律で定めることとした（同六一条）ので、法律によって訴えうる事項が限定され、違法の行政処分も裁判によって争いえないことが少なくなかった。

⑸　**人権保障**　明治憲法は、「臣民権利義務」（二章）において、国民の権利と自由の保障を定めた。これは近代憲法の伝統にしたがったものであり、個人の尊重という民主的理念にそうものとして、封建時代からみて飛躍的な進歩であった。しかし、そこにもいくつかの限界があった。まず、権利や自由が人間として当然に認められる人権であるという観念にもとづくのではなく、絶対的な権威をもつ天皇がその臣民に対して恩恵として与えるという考え方に立っていた（上諭三段参照）。ついで、その保障が何よりも行政権による侵害に対するものであった。もとより、そのような侵害の根拠として、議会の協賛を得た法律が必要ではあるが、法律による侵害に対しては別段の保障の手段がそなわっておらず、権利の保障にはいわゆる「法律の留保」を伴っていたのである。さらに、華族に特権を認めたり、神社を国教とするなど、自由や平等にいくつもの例外が存在していたのである。事実において、明治憲法のもとで人権の侵害が行われたことは歴史の示すところである。

明治憲法は、このように絶対主義と近代立憲主義との二元的性格をもっていたが、これを権力の構造からみると、天皇大権中心の構造と議会の権能中心の構造とが複合したものである。この二つは対立する原理にもとづくものであるから、明治憲法をどちらに重点をおいて解釈するかによってするどく対立する考え方がひきだされてくる。天皇主権説と天皇機関説の論争は、この二つの考え方の対立であったといえる。そして、明治憲法が条文の数も少なく、規定も簡潔であったことは、それだけ解釈の幅を大きくしたのである。

このことは理論的な解釈の問題にとどまらない。憲法の運用においてどちらを強調するかによって政治の在り方にも大きな影響が与えられる。近代憲法的な民主制の要素が重視されるときには、帝国議会とくに民選の衆議院の地位が高まるのに反し、絶対主義的な反民主制の要素が強くなるときは、議会の力が弱くなり、天皇、実際上は政府の権力が強化されることになる。明治憲法の展開のあとは、そこに含まれる二つの相対立する要素のどちらに重点が傾いたかということから検討することができる。

明治憲法の施行から日清戦争までの間は、憲法の起草者のとったような弱い議会の考え方が支配していた。政府は天皇の政府であり、政党・政派から超然としていなければならず、帝国議会によって政府の進退が左右されるべきでないとする「超然主義」がとられたのはそのためである。しかし、この考え方は衆議院における諸政党と政府との対立・抗争を招き、政府の後退を余儀なくした。そこで、日清戦争以後、議会の権限が次第に強化されてゆくこととなり、明治憲法の民主的要素に重点をおいた運用がされ、イギリス型の議院内閣制に近い制度が実現される方向にむかった。すなわち、政府は、程度の差はあっても、多かれ少なかれ、衆議院における有力な政党と提携する傾向が強まったのであり、一八九八年に生まれた第一次大隈内閣（いわゆる隈板内閣）は初めての政党内閣である。大正期において二回にわたって展開された「憲政擁護運動」（一九一二年と一九二四年）は、政党内閣の確立をめざしたものである。わが国の資本主義の発展に伴う政治の近代化の要求が、このような議会の強化としてあらわれたことは注目してよい。この運動のいう「憲政の常道」とは、衆議院の政府に対する支配権を確保できる政党内閣制のことである。もとより、この時期において政党内閣制が確立したといっても、皇室大権や統帥大権には政府の力は及ばず、したがって議会や政党のコントロールが届かなかった点で明治憲法の基本的たてまえは崩れてはいないが、その枠のなかではその民主的要素が最大限に活用されたといってよく、大正デモクラシーといわれるのもそのためである。そして、天皇機関説が学説として支配的地位を保っていたのも、同じ理由にもとづくであろう。

立憲主義の退潮　昭和初期になるや、国際政治の動向、国内の経済の不安などからくる政治に対する要請について政党は処理の能力を示しえず、むしろその腐敗面を暴露し、政党政治の信用は失墜した。これに代わって全体主義が台頭し、それは明治憲法の反民主的要素を基盤にして政治を支配するに至った。その前には、ただでさえ不完全であった民主的要素にもとづく議会主義は、次第に退潮を余儀なくされた。とくに満州事変の勃発（一九三一年）を契機として強まった軍国主義は、統帥権の独立の名のもとに政治を左右することになり、明治憲法のもつ近代憲法的側面はほとんど消滅せしめられてしまった。天皇機関説の圧殺はそれを示す例である。やがて一九四五年の日本の降伏によって、明治憲法は、その基本的性格の変更を求められることになった。

第 *3* 章　日本国憲法の成立

◉問題の提起

日本国憲法は、戦勝国である連合国が日本を占領している時期において、絶対的権力をもつ総司令部が草案を交付し、それにもとづく日本政府の案の作成も帝国議会における修正もすべて総司令部の監視と指導のもとに行われたものであり、実質上はその強制によって制定された憲法であって、日本国民自らの発意にもとづき、自由で自主的な意思によって成立したものではない。したがって、その内容がどのようなものであるにしても、このことからだけでも、独立を回復したのち日本国民が自主的に再検討を加えて、このいわば「おしつけられた憲法」を改正しなければならないことは当然である。このような主張が、憲法改正論の論拠の一つとなっていた。一九六四年七月にその報告書を提出した憲法調査会において、この意見が有力に主張された。また、天皇が主権をもつという明治憲法の基本原理は、改正手続によっても変更できないと考えられるにもかかわらず、日本国憲法は明治憲法の改正として制定され、しかも天皇主権を変更しているのであるから、日本国憲法そのものが無効のものである、という意見もみられた。このような意見についてどう考えるべきかという問題に答えるためには、日本国憲法の制定の過程を考察してみる必要がある。

新憲法制定の動き

一九四五年七月二六日、アメリカ合衆国・中華民国およびイギリスは、ポツダムで日本の降伏の条件を宣言した。このポツダム宣言を、日本政府は八月一四日に受諾した。この宣言の条項のうちには、「日本国民の間における民主主義的傾向の復活強化に対する一切の障碍を除去し、言論、宗教及び思想の自由並びに基本的人権の尊重が確立されるべきこと」、「日本国民の自由に表明せる意思に従い、平和的傾向を有し、かつ責任ある政府が樹立されるべきこと」などの要求が含まれており、日本の政治が民主・自由・平和の方向に改革されねばならないことが示されていた。それを受諾したことは、この方向に国政のあり方をむける義務を負ったことになる。これは、明治憲法の反民主的要素を否認することになるが、その民主的要素をのばすならば、その改正を要せずにポツダム宣言にもとづく義務を履行できるという意見もあった。しかし、忠実な履行のためには改正は避けることができないという意見が強くなった。連合国最高司令官は一〇月四日に東久邇内閣の近衛国務大臣に対し、日本政府が憲法改正を要求されるであろうと示唆し、さらに一〇月一一日に幣原内閣総理大臣に対して憲法改正を検討すべきことを指示するに及び、その問題は急速に具体化するに至った。

近衛は内大臣府にあって、改正の調査をはじめ、一一月二二日には天皇に改正の大綱を奉呈したが、憲法改正という国務に内大臣府が介入することは不当であるとの批判があり、内大臣府も同月三〇日に廃止されたので、その案はさしたる影響を与えずにおわった。他方、政府は、憲法問題調査委員会を設け、松本国務大臣を主任として改正の準備を行った。それは、最高司令官の指示にある「憲法の自由主義化」を目標としていた。なお、このような政府の作業のすすめられているのと時を同じくして、政党や民間の団体が憲法改正の試案を発表しているが、そのほとんどが民主制の要素を強調していることは注目してよいであろう。

憲法改正草案の成立　政府は、一九四六年二月初旬に草案（いわゆる松本案）を作成したが、それは、天皇が統治権を総攬するという原則に変更を加えないなど、保守的な色彩が濃厚であり、総司令部の全面的な拒否をうけて潰えるに至った。最高司令官は、近く発足しようとしていた極東委員会によってその憲法改正に関する権限が制約される以前に既成事実を作りあげようとし、短時日のうちに草案をまとめる必要を感じ、天皇の地位、戦争放棄、封建制の廃止を提示したいわゆるマッカーサーの三原則を基礎として、幕僚に命じてまったく別の憲法草案を起草させた。二月一三日に日本政府に示された草案は、ほとんどそのまま政府によって採択され、三月六日「憲法改正草案要綱」として発表されたのであった。この要綱は、国民主権を認めたこと、戦争の放棄を定めていることなど、それまで発表された試案の多くのものよりはるかに民主・自由・平和の原則に徹底したものであり、改正作業の推移を知らなかった一般国民はその進歩的内容に驚いたが、世論はむしろその民主化の方向を歓迎する傾向が強かった。要綱発表に際して、天皇は勅語をもって政府を鞭撻し、最高司令官は当然のことながら全面的な支持を表明した。

この要綱は、平がなまじりの口語体という、当時として注目された形で条文化されて、四月一七日に公表された。それにさきだって四月一〇日に衆議院議員の総選挙が行われた。敗戦直後のことであり、選挙民の関心が直接の生活の問題にあったとはいえ、要綱の定める天皇制のあり方、戦争放棄の是非などは多くの候補者がとりあげており、当然に、憲法改正要綱は選挙の重要な争点となったのであり、国民の意思はその選挙を通じて表明されたとみることができる。この公表された草案は枢密院に諮詢され、その後政変があって撤回されたが、第一次吉田内閣が成立してあらためて枢密院の議にかけられ、多数をもって六月八日にそこで可決された。

日本国憲法の成立　憲法改正草案は、六月二〇日に開会された第九〇回帝国議会に、明治憲法七三条の定める改正手続により、勅書をもって付議され、また最高司令官は、六月二三日に、明治憲法との完全な法的連続性を保障することを要求する声明を発している。衆議院は六月二五日に審議を開始し、約二ヵ月を費やして審議し、若干の修正を付して、八月二四日、四二一対八の多数で可決し、ついで貴族院では、八月二六日以後、学識経験者たる議員を中心として審議が行われ、約一ヵ月半ののち、一〇月六日、若干の修正を行って、二九八対二の多数でそれを可決した。衆議院は回付をうけた修正案を翌七日に可決し、帝国議会における議決がおわった。両院における審議はきわめて活発で、とくに天皇制をめぐる「国体」の問題と戦争放棄とははげしい論議の対象となった。

もとより最高司令官の強い要望が背後にあったために、反対者はきわめて少なかったし、修正もまた総司令部の指導によって行われ、しかもそれらは根本的な点にふれるものでなく、草案がほぼそのまま成立したのであるが、議会における審議が、占領軍の圧力のもとで、国民の意思とはなれて行われたということはできないであろう。

この草案は、かさねて枢密院に諮詢され、一〇月二九日に可決されたのち、天皇の裁可を経て、一一月三日に「日本国憲法」という題名のもとで公布された。そして、公布の日から起算して六ヵ月を経過した日、すなわち一九四七年五月三日から施行された（一〇〇条一項）。

憲法に含まれるのは基本的な法に限られているから、それが現実に効果を生ずるためには、その実施に必要な多くの法規を整備しなければならない。憲法が公布されてから施行されるまでの六ヵ月間、帝国議会は主としてこれらの法律を制定して、憲法施行の準備を行った。憲法は、これらの法律の制定その他の準備手続が、憲法施行の期日よりも前に行うことができる旨を明文で定めている（一〇〇条二項）。これらの法律としては、皇室典範、国会法、内閣法、行政官庁法（のちに国家行政組織法がこれに代わった）、裁判所法、財政法、会計検査院法、地方自治法などがある。

憲法改正の動向　日本国憲法の制定過程からみて、その再検討の考えが当初からなくはなかった。一九四六年一〇月、極東委員会は、憲法施行後一年以上二年以内に、日本の国会で再検討されるべきであり、また極東委員会自身も再検討する旨の政策決定を行った。しかし、これは総司令部と極東委員会との妥協による決定ともいえるもので、その期間になんら積極的な動きはみられなかった。そして一九四九年四月に吉田内閣総理大臣は、現在政府としては憲法改正の意思のないことを言明した。むしろ一九五〇年の朝鮮事変にはじまる国際状勢が、わが国の防衛力の増強を要求することになり、この頃から、九条を中心として憲法改正論議が高まり、憲法改正の問題は政治上の一つの争点とされた。このような事態を背景にして設置された憲法調査会は、その結論を一九六四年に提出した。その多数意見は改正に賛成であったが、具体的な改正の作業は行われなかった。

日本国憲法制定の法理

日本国憲法が、戦勝国による占領という特殊の状況のもとで、しかも敗戦直後の混乱した社会状勢において、総司令部という外国の力の圧迫をうけて制定されたことは明らかである。それが一国の憲法の制定のあるべき姿からみて正常なものでないことはいうまでもない。したがって、この制定について、法的にどう性格づけるか、またその手続をどう評価するかなどについて、問題は少なくないのである。

日本国憲法は明治憲法の改正であるとされているが、形式的にみてもすべての条文が改められているのみならず、内容的にみて根本的な変更が加えられた。それが新憲法の制定であるといわれたのは正しいのである。とくに明治憲法の天皇主権が国民主権に変更されたことは、国家の基本構造が改められたことになる。明治憲法のもとで、改正手続によってどのような改正も可能であるという解釈もなくはなかったが、通説は改正に限界のあることを認め、とくに天皇が天照大神の神勅によって統治権を総攬するという「国体」は改正できないものと考えられていた。そうとすれば、日本国憲法が明治憲法とまったく異なる国家原理にたって制定されたのは何にもとづいてされたとみるべきか。

それは、ポツダム宣言の受諾に際し、わが国が「日本国民の自由に表明した意思」によって最終の政治形態を決定することを承認したことに求められる。これは、降伏によって日本の政治体制の基本原理が国民主権に変更され、これと両立できない天皇主権が否定されたことを意味する。日本国憲法を制定する根拠はここに求められるのであり、明治憲法は廃棄はされなかったけれども、その意味は重大な変更をうけたのである。天皇主権を変えることはできないという法的な制限も、これによって除かれたというべきである。このような国家の基本原理の変更は、法的には革命であり、その意味で、降伏はわが国に法的な革命をもたらしたといってよい。日本国憲法は、この革命の結果として主権を与えられ、憲法制定権力をもつことになった国民が、その代表者を通じて制定したものと考えられるのである。

明治憲法との連続性

しかし、他面において、日本国憲法が明治憲法七三条の定める改正手続によって成立したという形式をとっていることも事実である。欽定憲法である明治憲法は、その改正の発案権が天皇にのみあったが、日本国憲法の制定にあたっても、天皇の勅書をもって「帝国憲法改正案」が帝国議会に付議され、衆議院のほか、国民と直接のつながりをもたない貴族院も審議に加わって、それぞれの三分の二以上の出席の会議で、三分の二以上の多数の賛成をもって議決され、枢密院の承認を経て、天皇が裁可し、公式令三条の規定により上諭を付して公布された。これはまったく七三条の改正手続を正しくふんだものとみられる。したがって、形式的にみれば、日本国憲法は明治憲法の改正であり、両者の間に完全な法的連続性が存在することになる。

このようにして、日本国憲法の制定の過程は、その実質と形式の間に矛盾がある。そこで、成立した憲法は、自らを民定憲法と認めて、その前文で「日本国民は、……この憲法を確定する」と宣言し、さらに憲法公布の上諭でも「朕は、日本国民の総意に基いて、新日本建設の礎が、定まるに至ったことを、深くよろこび」といって、民定憲法であることを示すような表現が用いられている反面、上諭は、つづいて、「枢密顧問の諮詢及び帝国憲法第七十三条による帝国議会の議決を経た帝国憲法の改正を裁可し、ここにこれを公布せしめる」という、欽定憲法であるかにみえる言葉を用いている。このように文章のうえでも矛盾したようにみられる表現があらわれて、日本国憲法の性格をあいまいにしているのも、制定過程の複雑さにもとづくのである。

この形式面を重視して、日本国憲法を明治憲法と同じく欽定憲法であるとするみかたもある。しかし、さきにのべたようなポツダム宣言の受諾による降伏とともに国民主権が成立したことを実質的にみるとき、それを民定憲法と考えるのが正しい。明治憲法の定める改正手続がとられたことは、たしかに外面的には法的連続性があるようにみせてはいる。しかし、それは、敗戦による混乱のなかに新しい国家体制を確立する革命的作業が、秩序を乱さず平穏のうちに行われたようにみせるための手段として有用であると考えられたからであり、とくにそれを望んだ占領管理政策の便宜にかなったからである。さらに、法的な革命が、政府はもとより日本国民によっても十分に意識されず、真の政治的な革命として国民が自らかちとったものでなかったという事実も、そのような形式をとらしめた原因と考えられる。しかし、日本国憲法の根拠が、すでに降伏によってもたらされた実質的な憲法的変革にあると解する以上、国民が憲法制定権者としての地位においてこの憲法を制定したものと認めなければならないのである。

これに関連して、日本国憲法が明治憲法の改正の限界を超えるにもかかわらず、その改正手続で制定されたのであるから、それは無効であるという主張がある。しかし、ポツダム宣言の受諾によって法的な革命が行われ、日本国家の根本理念が天皇主権から国民主権に転換したのであり、改正手続は単にその外形をととのえたにすぎないと考えるならば、無効論は正当ではない。

おしつけ憲法論

日本国憲法が、占領という事態のもとで、国民の意思が完全に自由でない状況におかれているときに制定されたことは、事実として認めなければならないし、好ましいことではない。しかし、これをもって直ちに、それがおしつけられた憲法であるから改正すべきであるという議論が妥当するかどうかは問題である。草案要綱の発表のときにその進歩性に驚いた国民も、やがてそれが審議される段階において民主制を支持する世論を生み、たとえ受動的であったとしても、日本国憲法の基本原理を喜んで受容したのであり、これをも占領軍の圧力に帰することは妥当でない。また憲法制定議会といってもよい第九〇回帝国議会の前に衆議院議員の総選挙が行われ、草案要綱に対する国民の意思表示がなされている。そして帝国議会において審議が行われ、圧倒的多数で可決された。これらの事実からみて、民主・自由・平和の原則にたつ日本国憲法を、単に占領軍によって強制されたものとみることはできない。しかも、その制定以来、多くの国民のうちにそれが定着する方向にむかってきた事実をみるとき、日本国憲法が日本国民の伝統や考え方とはまったく異質の外国製のものであったとはいえず、国民は自らの憲法として育成してきたことが知られる。このようにみるとき、それを日本国民に対して強制的におしつけられたものとみるのは即断にすぎよう。現在の憲法改正の主張では、かつてのようにそれがおしつけられたものであるからという理由は必ずしもつよくはなく、むしろ日本が憲法制定当時に考えられなかったような大きな発展をみせたことにより、とくにのちにみるような国際協調の見地からみて、改正の必要があるとされている。

さらに、憲法の制定過程に国民の自主性が欠けるところがあっても、制定後、憲法として行われてきた以上、憲法の内容や解釈・運用の実際をかえりみることなしに改正を論ずることは適当とは思われない。たとえ自由な意思で成立した憲法であっても、不適当な内容のものであれば改正することが必要である。憲法の改正を論ずる場合には、なによりもその内容を第一義的に考えるべきであると思われる。

日本国憲法に内容上問題とされる点がないわけではなく、また早急な制定作業であっただけに表現上改めることが望ましいところもある。そしてそれが制定された戦争直後とは、日本のおかれる状況は大きく変化している。わが国では憲法を神聖視し、それに手を触れるべきでないという考え方が強い傾きがあるが、このことが憲法改正を避けて、無理な解釈・運用で状況に即応しようとする動きを生むこともある。今後は、憲法もまたわが国の実定法の一部として、改正によって社会の発展の要請をみたす必要のあるときには、憲法のもつ長所を失わせることなく、十分な検討を行ったうえで改正作業を行うことも考えられよう。それは、憲法制定権力をもつ主権者である国民の責務である。

第4章　憲法の法源と解釈

1　憲法の法源

◉問題の提起

衆議院議員の全体について、その任期満了前に議員としての資格を失わしめる行為が、衆議院の解散であるが、どのような場合に解散が行われるかについて、日本国憲法の規定は明確ではなく、そのために種々の解釈が存在する。六九条は、衆議院が内閣不信任決議案を可決し、または信任決議案を否決したときは、衆議院が解散されないかぎり内閣は総辞職をしなければならないと規定しているから、この場合に解散が行われうることは明らかで、それを実質的に決定するのは内閣であると解してよい。問題はそれ以外の場合である。一つの立場は、それ以外には解散を行いえないと解する。しかし多くの学説は、解散を行うことのできるのを六九条の場合に限定していない。そこで、そのような解散の憲法上の根拠が問題になる。そこであげられるのは七条三号であり、それによれば、天皇の国事行為の一つとして衆議院の解散があげられている。しかし、のちにみるように、天皇の権限は形式的なものにすぎず、解散という重要な国政上の決定権を含まないことはいうまでもない。もとより、この形式的な行為についても内閣の助言と承認を必要とするが、この内閣の権能も形式的行為についてのものであり、七条三号から直ちに解散の実質的決定権が内閣にあることをひきだすことはできないと考えられる。

このようにみると、日本国憲法には、六九条の場合のほかにも解散を行いうると考えるのが相当であるとしても、それについて規定がないことになる。ところが、第一回の解散のとき（一九四八年）には六九条の要件をみたす手続がとられたが、第二回以後は六九条の場合以外にも解散ができるという解釈がとられて、現在に至っている。これらの場合、形式的な解散権の根拠が七条三号に求められるのは当然としても、実質的な解散権が憲法のいかなる根拠にもとづくのかを検討することが必要になろう。これについては、実質的意味における憲法を構成する法の形式（これを憲法の法源と呼ぶ）は何かということを考察しなければならない。

成文法源

近代国家の法は、どの領域であっても、成文法が重要な法源である。日本の憲法も、明治憲法の制定以来、実質的意味の憲法の重要な部分が成文化されている。

(1) 日本国憲法　(ア) 構成

成文の憲法法源のうちの中心をなすのが日本国憲法である。それは、前文および本文一一章一〇三条から成る法典である。前文は、上諭とは異なって、本文とともに憲法典の一部をなすものであり、そこでは、憲法制定の根拠のみならず、憲法の基本精神となる民主主義、平和主義、国際協調主義の諸原則が荘重にのべられている。それらは、のちにもみるように、直ちに裁判のための規範となるものではないが、本文の条項を解釈するうえに参照しなければならないという意味では法的な効果をもつものであって、単に修辞的な文章にとどまるものではない。

本文は、第一章天皇（八ヵ条）、第二章戦争の放棄（一ヵ条）、第三章国民の権利及び義務（三一ヵ条）、第四章国会（二四ヵ条）、第五章内閣（一一ヵ条）、第六章司法（七ヵ条）、第七章財政（九ヵ条）、第八章地方自治（四ヵ条）、第九章改正（一ヵ条）、第一〇章最高法規（三ヵ条）、第一一章補則（四ヵ条）、という構成をとっている。この構成、とくに国民主権を基本原理とするにもかかわらず天皇の章が冒頭におかれるのは適当とは思われないが、明治憲法の改正手続をふんだところからその編別が踏襲されたのであろう。しかし、戦争の放棄が一章をなすのは画期的な平和主義のあらわれであるし、地方自治や最高法規が独立の章としておかれているのは、明治憲法との著しい相違である。条文の内容も、できるだけ実質的意味の憲法をそのなかに一元的に成文化しようとしている。このために、皇室に関する規定も、ここに定められるか、あるいは憲法のもとでの法律としての皇室典範によって定められ、明治憲法のようにそれを憲法と並立する最高の法である皇室典範にゆずっていない。また、各条文の規定が、簡潔な明治憲法に比べると相当に詳細であることも、同じ趣旨にもとづく。ことに、信教の自由や人身の自由について詳しすぎるとも思える規定をおいているのは、実質的意味の憲法をできるだけとりこむことによって、憲法の規定が簡潔なために国家権力によって自由の侵害の行われることの多かった過去の経験をくりかえさないようにしているものと考えられる。

(イ) **基本原理**　前文および本文を通じての日本国憲法の基本原理が何かは、近代的な立憲主義を徹底し、内においては民主制の確立、外に対しては平和国家の樹立を指導理念としたことから考えてみなければならない。この立場からみるとき、それが採用した基本原理として、国民主権、平和国家、基本的人権の尊重、権力分立をあげることができよう。次章以下において、そのそれぞれについて詳しくのべることにしよう。

(ウ) **最高法規**　九八条一項は、「この憲法は、国の最高法規であって、その条規に反する法律、命令、詔勅及び国務に関するその他の行為の全部又は一部は、その効力を有しない」と規定する。この規定の背後には、恣意的な専制権力に対立する「法の支配」の思想と結びついた、国の権力といえどもまもらねばならない根本法の観念が存在するのであるが、法的には、憲法が国法体系のうちで最も強い形式的効力をもち、それと矛盾する国の法規範は効力をもたないということを規定したものである。この規定に似たアメリカ憲法の最高法規の条項(六条二項)は、連邦法の州法に対する優越を定める連邦国家の要石たる意味をもつが、日本国憲法がそのような意味をもたないことはいうまでもない。もっとも明治憲法のように、それと同等の効力をもつ皇室典範を存在せしめることは、この規定から許されないことになる。

(エ) **経過的措置**　九八条一項は、法の改正に伴う経過的措置を定めた規定としての意味をも含んでいると解され、憲法施行のときに存在した明治憲法のもとでの法令が、日本国憲法の条規に反するときは効力を失うことになる。日本国憲法の制定が、すでにのべたように法的革命であるとすれば、その条規に反しないものでも明治憲法のもとでのすべての法令は効力を失うとの結論も生じえよう。しかし法秩序は継続しており、法的革命といっても政治的な革命にもとづかなかった実情からみて、旧法令も日本国憲法に反しないかぎり効力をもちつづけると解してよい。判例もそう解している（最大判昭二三・六・二三参照）。ただ明治憲法下の勅令という法形式は、日本国憲法では消滅し、その所管事項が法律に移されたので、この形式上の相違は重大であって、内容にかかわらず効力を失うという解釈がなりたつ。実際には特別の立法措置（昭和二二法律七二号、政令一四号）によって、法律の所管事項に属するものを定める勅令には期限付きで法律の形式を与え、それ以外の勅令を政令と同じ効力をもつものとした。

(オ)　**占領法規と憲法**　同様の問題が、占領中、連合国最高司令官の要求を実施するための、一九四五年のいわゆるポツダム緊急勅令と、それにもとづく命令について生ずる。ポツダム宣言の受諾によって、わが国の主権そのものが連合国最高司令官の権限によって制約されていたから、その管理権は超憲法的な力をもっていたと解され、それらのいわゆる管理法令は、占領中、たとえ日本国憲法に違反するものであっても効力をもっていたといえる（最大判昭二八・四・八参照）。平和条約によって憲法が完全な効力をもったときには、九八条一項により、憲法の条規に反するポツダム命令は効力を失うが、その内容が憲法に反しないかぎり効力をもつと考えられる。いわゆる政令三二五号事件（最大判昭二八・七・二二）で、最高裁判所の多数意見を構成した裁判官のうち、六人の裁判官は、占領目的に有害な行為を処罰する政令三二五号が異例に広い白地刑罰法規であり、独立とともに当然失効すると解したが、残りの四人の裁判官は、本件でその内容となった最高司令官の指令が違憲であるからそれを適用するかぎりで効力を失ったと解している。

(2) **憲法付属の法律**　日本国憲法もすべての実質的意味の憲法を定めてはいないから、そのほかにそれにもとづいて制定された諸法律が存在して、日本国憲法を補充する成文法源をなしており、憲法の理解のためにはこれらの法律をもあわせて考察しなければならない。その主要なものを例示するとつぎのとおりである。なお、日本国憲法は命令で定めうる事項をきびしく限定しているから、憲法の成文法源としては主として法律であるといってよい。ただし、議院規則、最高裁判所規則は法律に準じて考えられる。

第一章関係――皇室典範、国事行為の臨時代行に関する法律、皇室経済法、恩赦法
第三章関係――国籍法、請願法、教育基本法、人身保護法
第四章関係――国会法、公職選挙法
第五章関係――内閣法、国家行政組織法、国家公務員法
第六章関係――裁判所法、検察庁法、最高裁判所裁判官国民審査法
第七章関係――財政法、会計法、会計検査院法
第八章関係――地方自治法、地方公務員法

(3) 条約　条約も誠実に遵守しなければならない法源であり（九八条二項）、国際連合憲章、国際人権規約、女子差別撤廃条約、人種差別撤廃条約、平和条約、日米安全保障条約のように、憲法の法源としても重要なものが存在している。

不文法源　日本の国法秩序においては成文法がほとんどすべての領域で主たる法源となっているために不文法の重要性は大きくない。憲法の分野においても同様である。しかし、成文法をもって法的な問題のすべてを解決することはできないので、不文法源が必要不可欠である。公序良俗に反しない慣習は、法令が認め、あるいは法令が規定しない事項について法律と同一の効力をもつ（法の適用に関する通則法三条）のであって、憲法について、成文法源が整備されているにもかかわらず、不文法源が成立することがある。そして、とくに成文の規定の運用の実際を知るためには、このような不文の法源を知ることがきわめて必要である。

(1) 確立された国際法規　国際社会において名誉ある地位を占めるためには、確立された国際法規を誠実に遵守することが必要である。九八条二項はこのような国際法規が法源であることを示している。このような法規には、成文化されていないで不文法の形をとる例が多い。

(2) 憲法上の習律　ダイシー（Dicey）はイギリスの憲法規範を、裁判所で直接に強行される法と、強行されない習律とに区別した。成文法源の整っていないイギリスでは、内閣制度に関する規範のような重要な憲法規範の多くが習律に委ねられているが、日本の憲法ではそのような必要性は少ない。しかし、憲法が実際に運用されるとき、円滑な国政を実現するために慣行が生ずることは多く、それが法としての効力をもつことも少なくない。その場合、成文法源に反する習律が発生し、実際にそれが行われることがある。このことはのちに憲法の変遷を考察するところでふれよう。成文法源を補充する習律は、その内容が合理的なものであり、規範意識をともなって遵守されるときには、法的な効力をもつといってよい。

衆議院の解散の実質的決定権が内閣にあり、内閣は六九条の場合のほかその裁量により解散を決定できることは、第二回の解散以来行われてきた慣行である（衆議院の不信任決議の可決による解散の例は、これまで第一回〔昭二三〕、第三回〔昭二八〕、第一二回〔昭五五〕、第一六回〔平五〕の四度の解散のみである）。しかも、日本国憲法が採用している議院内閣制のもとで、衆議院の不信任決議に対応するものとして立法部と行政部の権力の均衡を保たしめ、立法部の権力の濫用を抑制するために、解散は有効な手段である。さらに、行政部と立法部の意見の一致しないとき、衆議院が正しく民意を代表しているかどうか疑わしいとき、重要な政治上の問題について国民の意思を問う必要のあるときなどに、主権者たる国民の判定を求めることは民主制にかなっている。したがってその慣行は合理的な基礎を有している。このように考えると、それは法たる習律にもとづくものといってよいであろう。なお、習律が裁判所の意見によって法として認められることもある（もっとも習律は、その性質上、訴訟になじまない分野に生まれることが多いことに注意しなければならない）。解散ができる場合について憲法に規定がなく、その判断がまったく内閣の政治的裁量に委ねられていることは、下級審の判決によって認められている（東京地判昭二八・一〇・一九、東京高判昭二九・九・二二）。

内閣に法律案の発案権があるかどうかも、憲法上明らかでない。しかし、七二条にいう議案に法律案を含める解釈は不合理ではなく、実際上も内閣の構成員の大部分が国会議員である以上、発案権が内閣にあるかどうかは重要ではない。そして、内閣に法律案提出権を認めた内閣法五条も慣行によって是認されており、事実において内閣提出法案が多数を占めているのであり、その習律も法たる効力をもつといってよい。

(3) 判例法　判例が法源であるかどうかには争いがあるが、明治憲法と異なって、裁判所に違憲審査権を与えた日本国憲法のもとにあっては、憲法の解釈について法的な拘束力のある判断を下すのは、裁判所、とくに最高裁判所である。もとより、あらゆる憲法問題について裁判所が介入することができるとは限らないが、少なくとも裁判規範としての性質をもつ憲法の規定について、判例法は重要な意味をもっている。判例法を正しく理解しなければ、日本国憲法の正しい把握はできないのであり、アメリカにおいて、憲法とは、最高裁判所の裁判官がこれは憲法であるというものにほかならないといわれることがあるが、日本国憲法においても憲法の相当の部分についてほぼ妥当すると考えられる。

2 憲法の解釈と運用

◉問題の提起

日本国憲法の規定では、基本的人権がどのような場合に制限できるかが不明確である。人権は公共の福祉によって制約をうけるようにみえるが、公共の福祉の観念そのものが漠然としていて限界が不明瞭である。したがって、憲法上明文をもって基本的人権を制限できる根拠を定めるように改正すべきである、という議論がある。これに対して、憲法の規定は柔軟な解釈・運用をうけることができ、公共の福祉の観念も具体的に裁判所が解釈をつみかさねることによって明らかにされうるのであり、このような解釈・運用によって憲法を社会の要請にこたえさせることは、改正を不要にするのみでなく、適正な憲法秩序を形成できる、という意見がある。この意見の対立は、憲法の解釈の態度の対立ともいえる。これをどのように考えればよいであろうか。

関税法一一八条一項は、同項所定の犯罪に関係ある船舶等は、被告人以外の第三者の所有に属する場合も没収するものとし、その際、当該所有者に告知、弁解、防禦の機会を与えなかった。最高裁判所は、はじめ、その没収が違憲と争われた事件で被告人は他人の権利侵害を主張して争うことはできないと判断した（最大判昭三五・一〇・一九）が、二年ののち、この判例をくつがえして、被告人の主張の適格性を認めるとともに、没収の手続を憲法三一条に反するものとした（最大判昭三七・一一・二八。なお、この判決の翌年、告知、弁解、防禦の機会を第三者に与えることを定める「刑事事件における第三者所有物の没収手続に関する応急措置法」が制定された)。この判例変更について、その背後に裁判官の構成の変化があったにせよ、最高裁判所の判例変更は憲法秩序の安定からみて望ましくないという考え方があった。このことも憲法の解釈のあり方に関連する問題である。以下、それについて考えてみよう。

憲法の解釈・運用　憲法の解釈も法の解釈である以上、一般に法の解釈について妥当する原則があてはまる。すなわち、立法者の意思、成文法の言葉の意味、正確な論理、憲法全体の体系との整合などの多くの視点を総合して、法の客観的な意味を明らかにするのが、憲法の解釈態度である。しかし、憲法が国の基本法であり、政治と直結している法であることや、その規定が他の法領域の成文法に比較して簡潔で抽象的であるという特殊の性格をもっているために、おのずから解釈にあたって特殊の考慮が働かざるをえない。

(1)　目的論的解釈　憲法の解釈においては、他の場合よりもいっそう概念法学の弊におちいることを避けねばならない。憲法は国の基本法であるから、その解釈が法文を離れて安易に流れることは望ましくなく、文言に忠実な解釈を重視すべきであるという立場もありうるが、法文にとらわれ、単に概念構成の論理にのみ重点をおく解釈を行うときは、生きた憲法の運用を望めないのである。したがって、法規範の目的を考えてその意味を探求するという目的論的解釈がきわめて重要である。もとより、その基礎に精密な法学の方法論がなければいたずらに主観的な解釈となって合理性を失うが、社会的現実の要請を十分に分析し、憲法の包括的・一般的な規定がそれに適合するように運用できることを可能にする解釈態度が必要である。憲法の規定が抽象的であるために、しばしば論理のみをもってしては複数の解釈が生まれてくるのであるが、そのどれを選択するかにあたって、社会学的な方法ともいえるものをとりいれて、目的に最もよく適合した解釈を決定してゆくのが、憲法の解釈・運用の姿勢でなければならない。このことは、憲法の解釈が現実に盲従することを意味しない。日本国憲法の根本原理に立脚して客観的に法文の目的が何かを判断すべきであるからである。ただ現実を無視した論理操作のみでは、憲法を真に生かす解釈・運用はできないのである。

(2) 解釈の弾力性　このような目的論的な解釈方法をとることとも関連するが、憲法の解釈・運用には弾力性が認められてよい。もとより成文法の解釈には柔軟な解釈といっても限界があるが、憲法の場合には、運用の円滑を期するために、一般的性格をもつ法文を弾力的に解釈する必要がある。条文そのものに過度に拘泥するのではなく、立法部の立法、裁判所の判例、行政上の慣例を総合しつつ、憲法の幅の広い枠のなかでそれが解釈・運用されることが望ましい。硬直化した解釈は、憲法を死文化し、法の理念である正義や政治の実際の要請をみたすことをできなくする。基本的人権の限界についても、それぞれの人権について具体的な場合に応じて憲法上許される制約を判定してゆく柔軟な解釈方法をとることによって、合目的的な運用が確保されるのである。

(3) 解釈の流動性　憲法の解釈は流動的な性格をもつべきである。憲法の解釈は弾力的であるべきであるが、このことは同時にそれが固定的でなく時代によって変動しうるものであることを意味している。憲法と社会の要請との間に空隙が生じたときには、その要請が憲法の基本原理に反しないものであれば、憲法の解釈・運用にとりいれてゆかねばならない。憲法が政治的な意味の濃い法であるだけに、政治の実際の要求の変動に応じて憲法との間に空隙を生じやすく、それだけに憲法の解釈・運用が流動性をもつ必要度は高い。もちろん、この空隙を埋めるために憲法改正という正式の方法をとりうるし、また解釈の名のもとに解釈の範囲をこえる運用がされるのは適切でなく、この場合は憲法改正を避けるべきではあるまい。しかし、憲法改正は困難であるし、政治的な紛争を生ずる可能性も大きい。したがって、憲法を弾力的・流動的に運用することによってこの空隙を埋めるのが適当なことがきわめて多いのである。そして、そのような運用によって支えられた憲法がむしろ強靱な生命力をもちうることは、アメリカ連邦憲法の歴史の示すところである。このような考慮は、当然に裁判所の判例の変更の可能性についても働き、解釈に伸縮性の要求の強い憲法の領域においては、判例もまた固定的である必要の程度が低く、裁判所は、他の法領域に比べて、憲法の解釈を変更するのに、いっそう柔軟な態度をとってよいであろう。もとよりその変更に対して説得力ある理由づけをすることを怠ってはならないのはいうまでもない。

なお、この解釈の流動性の幅が大きくなると、憲法の条文のもつ規範の質が変更されることもありうる。憲法の規範には、政治的な規範、倫理的な規範、裁判規範などと多様な性質のものが併存していることに留意しなければならないが、時代の移りかわりとともに、かつて倫理的意味をもつと考えられた一三条の規範が、新しい人権を基礎づけるための包括的な人権保障規定として裁判規範的な性格を与えられたり、あるいは、自由権としての性質をもつ表現の自由を保障する二一条が、それとともに「知る権利」を充足させるための「国家への自由」として積極的な内容を与えられたりするような展開がみられる。これを「憲法規範の変質」と呼ぶことができるが、これもまた憲法解釈の流動性と結びつくものといえよう。

憲法の変遷　憲法の解釈が学説であるときは、実際に影響力をもつことはあっても、それ自身として法的効力をもたない。しかし、立法部、行政部または裁判所がそれを解釈・運用するときは、法律その他の成文法源、習律、判例法となって、法的な効力をもつから、解釈の担い手がこれらの公の機関であるときには、実質的意味における憲法の内容に影響するところが大きい。しかし、憲法の解釈・運用に弾力性、流動性を認めるならば、そのような公的な権威をもつ解釈も、解釈としての枠にとどまるかぎり、憲法が変わったという必要はない。いわんや、現実と憲法の条項の一致を欠く状態があらわれたからといって、憲法の変遷ということはできない。

しかし、いかに憲法の解釈・運用の弾力性を認めるとしても、公の機関の解釈・運用が、その枠を超え、成文憲法を補充するにとどまらないで、憲法の客観的意味を変更することも起こりうる。これが憲法の変遷といわれる現象である。憲法の解釈を厳密にして固定的に考える立場をとるときは、その客観的意味の幅が狭いから、憲法の変遷が生じたと考えられることが多いであろう。しかし、すでにみたように、憲法の解釈を流動的なものとみるならば、それは解釈の変更にすぎないことになり、憲法の変遷とみる必要はなく、したがって憲法の変遷という事態はきわめて稀にしか生じないことになろう。それにもかかわらず、いかに目的論的解釈をとるとしても、条文の解釈には限界があるから、現実にその限界を超えた解釈が行われ、公の機関がそれによって一定の状態を作りだすこともありうる。これは本来からいえば違憲の状態であるが、これが長期にわたって継続的に行われるのみならず、それがむしろ憲法の意味であるという規範意識を伴うに至るときには、憲法が改正によらずに客観的意味を変更したとみることができる。憲法という根本法にこのような現象が生ずることは望ましくない面もあり、容易にこれを認めることは、憲法の最高法規性をそこなう危険があることは確かである。しかし、それを否定し、憲法の意味は改正によらないかぎり固定したものと考えることはできないから、例外的な場合には憲法の変遷もありうることを認めざるをえないであろう。

ただここで指摘しなければならないことは、憲法の客観的意味を確定する解釈を、公の機関が行う場合でも、また憲法の変遷によってその意味が変動する場合でも、最終的な決定権をもつのは、主権をもつ国民であるということである。国民がたとえ黙示的にせよそれを承認することによって、憲法の解釈の確定や憲法の変遷が行われる。この点で、国民の憲法意識がどのようなものかが重要な問題になる。法的にみるときは、国民は選挙あるいは最高裁判所裁判官の国民審査などを通じてその意思を表示するのであり、またそれによって、国民の意思に反して解釈・運用がなされることや憲法が変遷することを抑止することができるのである。

第5章　国民主権

1　国民主権

◉問題の提起

国民は主権すなわち国家の意思を最終的に決定する権能をもつといわれるが、はたして実際にはどうであろうか。衆議院と内閣が対立したときに、衆議院が解散されれば、国民がその争いを審判することができるかもしれないが、もし解散されなければ国民が国家の意思を決定することにはならないのではないか。また、ひとたび選挙によって国会議員が選定されると、国民とは独立に行動するし、国会の議決で指名され、天皇の任命した内閣総理大臣やその任命する国務大臣も、決して国民の指揮・命令をうけることなく国政を行うことになる。これでは国民主権といっても、理念的なたてまえにすぎず、内容を伴うものでなく、実際上は国政の決定はすべて国民とは別の国家機関によって行われるのであり、国民を主権者ということは単なる憲法の文章における修飾語にとどまるのではないか。また国民が主権をもつとしても、そこでいう国民とは何を意味するのか。たとえば未成年者のように参政権を与えられていない者は、法的な権能として国政に参与できないのであり、それを主権者のうちにかぞえることが適当であろうか。これらの問題に答えるためには、憲法の基本原則といわれる国民主権の原理がいかなる意味をもつのかを明らかにしなければならない。

国民　憲法上、国民という言葉は種々の意味に用いられる。最も広くは国家の構成員としての人間を意味する。その意味の国民は、その所在地にかかわりなく、属人的に国家に結びつき、原則的に自国の統治権に服する。国民以外の人間すなわち外国人も統治権に服することはあるが、それは、居住という特別の事情から国家がその領土に対してもつ権力にもとづくものであって（いわゆる属地主義の原則）、例外的にそれが認められているにすぎない。このような意味での日本国民には、未成年者も、天皇・皇族も含まれる。これに関してとくに問題になるのはつぎの点である。

⑴　**国民と国法との関係**　統治権は法の形式で発動されるから、国民は、その所属する国家の法によって支配される人間であるということができる。近代国家においてはその国法に対して国民はいろいろな態様において関係をもつのである。

すなわち、㈠国民は国法によって義務づけられ、それに服従する地位に立つ。その具体的内容は法によって定められるが、この関係を一括して受動的な関係といえる。㈡国法によってなんらの義務づけをうけない自由な状態に立つ。何人も法の禁止しないことをなしうる自由をもつのであり、これを無関係な関係と呼びえよう。(ウ)単に自由であるのみでなく、憲法上ある種の法の定立が禁止される場合がある。近代的な自由権はそのような性格をもつのであり、国民はその保障の結果として、消極的に利益を享受しうる地位に立ち、これを消極的な受益の関係といえよう。(エ)憲法上、国民の利益のために一定の国法の定立が要請される場合がある。その結果として国民は国法の利益を積極的に享受しうる地位におかれる。のちにみる生存権的基本権の保障はそのような性格をもつのであり、この関係は、積極的な受益の関係と考えてよい。(オ)国民が国法の定立などに参与する関係にたちうる。参政権はその例であり、これを能動的な関係ということができる。

国家の構成員としての国民の本質は、国法に服従するところにあるから、受動的な関係が最も中心をなすが、民主制や自由主義のような近代憲法の原理の発展、あるいは福祉国家の発達によって、他の関係の重要性が増大している。

(2) **国籍**　正式の国民たる資格を国籍と呼ぶが、現在のところ国籍の要件は各国が自由に定められるたてまえがとられている。日本国憲法も、日本国民たる要件は法律で定めるものとしており(一〇条)、国籍法が日本の国籍の得喪について規定している。それによれば、国籍の取得には先天的取得と後天的取得とがあり、前者については、原則として血統主義が採用されている(かつては出生子の父をもととする血統主義であったが、出生の時に母が日本国民であるときも日本国籍を取得するように改められている)。後者は、一定の要件をみたした外国人が、法務大臣の許可を得て帰化することによる取得である。国籍の喪失は、外国の国籍を取得し、または現に取得している場合に限って認められている。これは、無国籍人の発生を防止するという合理的目的をもっているもので、国籍離脱の自由の保障（二二条二項）に反するものではない。

⑶ **皇族**　国民のなかで支配する法が人的に区別されることがあり、その区別が出生により当然に生ずるとき、それを国民の種類という。明治憲法のもとでは、内地人と外地人の区別あるいは華族と一般臣民の区別などが存在したが、日本国憲法ではそのような多様な種類は存在しない。しかし、天皇および皇族は特別の種類として、一般国民と異なる扱いがされている。これは、法の下の平等の例外であるが、天皇制を存置したことにもとづくものである。天皇については後述にゆずり、皇族についてここでふれておこう。

皇族の身分は、まず先天的に取得される。すなわち、天皇の嫡出子および皇族の嫡出子はすべて生まれながら皇族となる。天皇の男系嫡出の子孫は世代にかかわらず皇族となるという永世皇族主義がとられている。ただし、本人の自由意思あるいはその他の事由によって皇族の身分をはなれて一般国民になる道が認められている（皇室典範一一―一四条）。皇族の身分は、皇族以外の女子が天皇または皇族男子と婚姻することによってのみ、後天的に取得される（同一五条）。皇室典範は、皇族の範囲を「皇后、太皇太后、皇太后、親王、親王妃、内親王、王、王妃及び女王」としている（同五条）。

皇族には、法的に種々の特権や特例が認められている。その主要なものは、つぎのとおりである。

㋐ 身分法上の特例として、天皇、皇太子・孫の成年が一八年であること（皇室典範二二条）、天皇および皇族男子の婚姻は皇室会議の議を経る必要のあること（同一〇条）、養子をすることができないこと（同九条）、陛下、殿下の敬称を有すること（同二三条）などがある。

(イ) 皇族は、摂政となったときは在任中訴追されない特典がある（皇室典範二一条）が、その他刑事法上の特例はない。

(ウ) 財産法上の特例として、まず、皇室による財産の授受について国会の議決が必要とされ（八条）、議決を欠くときには、その授受行為は効力をもたない。ただし、皇室経済法二条にかかげる例外の場合は議決を要しない。この例外は、皇室に不当に大きな財産が集中されたり、政治的目的その他で不公正に皇室財産が用いられたりするのを防ぐ目的をもつ憲法八条の趣旨をそこなうものではないと考えられるかぎり是認されよう。皇族の生活費は国庫が負担し（八八条）、皇族には年金たる皇族費およびはじめて独立の生計を営む際と皇族の身分をはなれる際の一時金である皇族費が支給され（皇室経済法六条）、これには所得税が課せられない（所得税法九条一項一二号）。

(エ) 明文の規定はないが、皇族は選挙権も被選挙権も有しないものとされている。

主権者としての国民

国民という言葉が、主権者としての国民の意味に用いられることがある。

(1) 主権の意味

主権という言葉には種々の意味がある。(ア)広く領土や国民を支配する国家の権力そのものを意味する。ポツダム宣言八条が「日本国の主権は、本州……に局限せらるべし」というときの主権はその意味である。(イ)国家権力の属性として最高独立性の意味に用いられる。とくに国際社会において国家が自主独立であることをあらわす。平和条約により主権を回復するというときの主権はこの意味であるし、憲法前文が「自国の主権を維持し」(三段)という場合も同様である。(ウ)国家の意思の最終的な最高の決定権という意味をもつ。

主権という言葉が憲法上用いられるときには、この(ウ)の意味が最も重要である。国民主権といわれる場合の主権はこの意味であり、日本国憲法の前文(一段)および一条にいう「主権の存する日本国民」という言葉は、この国民主権を明示したものである。また、前文が「国政は、国民の厳粛な信託によるものであつて、その権威は国民に由来」(一段)するとしているのも、国民がこの意味での主権をもつことをいいあらわしたものである。そして、主権者としての国民は、国家の構成員としての自然人たる国民から天皇の地位にある者を除いたすべての者を含む。

(2) 君主主権と国民主権　国政についての最高の決定権という意味での主権の概念が生まれたのは、近世初頭に統一的な民族国家を作りあげるための中心的役割をになった君主が、教会、ローマ皇帝、封建領主のような中世的な諸勢力に対抗して、それらから解放された自主的な権力をもつことを支持するためであった。したがって、それは、絶対主義的な君主主権と密接に結びついており、近代国家の形成にとって理論的根拠を提供したのである。しかし、近代国家が確立の過程をたどり、合理主義の精神が普及してゆくにつれて、君主の権力は神から与えられたとする神権説にもとづく絶対主義的君主主権は、個人の自由を圧迫することになり、市民層の反撃をうけることとなった。国政の主体は国民であり、国政は国民の幸福と自由の増進を目的とすると考える個人主義思想が、君主主権に代わって国民主権を要求するのは、近代の歴史的発展の自然の趨勢であった。このようにして、近代革命とともに、国政は国民という最高の権力の主体の意思にもとづく信託のうちに正当性の根拠をもつという国民主権の原理が、日本国憲法の前文にも示されているように、「人類普遍の原理」となったのである。

もとより、現在でも、君主に主権があるというたてまえをとっている国もある。したがって、主権の帰属者によって、国家を君主国と共和国とに分類することも可能である。しかし、民主主義の考え方が普遍化するとともに、君主国にあっても、君主の地位や存在の根拠が、国民の総意や民主制に有用であることに求められており、国家のあり方の区別として君主制と共和制とは重要な区別ではなくなっている。むしろ、現在では、君主国であると共和国であるとを問わず、国家の意思決定や法の定立のしかたが、国民の自律によって行われるか、一人ないし少数者の専断によって行われるかを区別し、民主制と独裁制とに分類することが、いっそう有効で実質的な考え方であると思われる。

(3) 国民主権の理念

国民主権の原理が採用され、国政の最高の決定権が国民に帰属するといっても、現実の権力を国民がもつわけではない。絶対主義のもとでの君主が、主権をもつとともに実際上の権力をも保有していたのと比較すると、主権者といっても大きな差異がある。かつての君主主権には権力的要素が大きかったのであるが、国民主権は、価値的要素に重点がおかれ、一つの理念であり、たてまえであるという性格をもっている。国民といっても種々の立場に立つ多数人から成り、相互に対立した利害があるから、現実にすべての国民の意思によって国政を決定することは不可能である。したがって、国民各人が国政上の権力をもつことは、国民主権の要請ではなく、国家権力の正当性の根拠が国民の総意にあるという理念が、国民主権の核心である。そして、この理念が国政の機構や作用に具体化するところに、国民主権の価値が存在する。日本国憲法の解釈・運用にあたっても、この理念を生かすことが重要である。

(4) 憲法制定権力　憲法学において、憲法を制定する権力 (pouvoir constituant) と憲法によって制定された権力 (pouvoir constitué) を区別する見解が有力である。前者は、憲法そのものを制定する単一不可分の力であり、憲法の拘束をうけないものであるが、後者は、立法権、行政権、司法権のように憲法によって与えられた力であり、当然に憲法によって制約される。国民が主権をもつことは、当然に国民が憲法制定権力をもつことである。もっとも、この憲法制定権力を規範を超えた実力と解するときは、権力的要素が強調されることになるが、むしろ、憲法制定権力の考え方も、実定憲法の基礎にそれを正当づけるものとして国民の総意があることを示したものであり、政治的理念としての国民主権と共通のものであると解すべきであろう。憲法前文は、冒頭に「日本国民は、……この憲法を確定する」と宣言しているが、これは、すでにポツダム宣言の受諾によって天皇から国民に移った憲法制定権力にもとづいて、この憲法を制定したことを確認したものであり、国民主権をあらわしたものといえる。

(5) 国民主権理念の具体化　国民主権の理念の具体化は種々の形をとるのであるが、少なくともそれときわめて密接に結びつくものとして、国民が国家権力をもっても奪うことのできない基本的人権をもつこと (これについて第7章で詳説する)、および、つぎにのべるような、国民が憲法上の機関としての地位を認められることをあげてよいであろう。

憲法上の機関としての国民　国民は、憲法上の機関として国政の作用を行う地位を認められている。これらは、国民が憲法の規定によって国家機関として行動することができる場合である。国民は主権者であるが、すべての国政をすべての国民の意思によって決定することは、現実には不可能であることはいうまでもない。

(1) **国家機関としての国民の範囲**　国民のうちで国家機関として行動できる者の範囲は、主権者としての国民より狭く、選挙権・被選挙権をもつ者に限られる。合理的な理由があれば、国民のうちで、国家機関として国家の意思の形成に参加しえない者（たとえば、未成年者や成年被後見人）を定めて、これを排除することができる。

(2) **直接民主制**　複雑な近代国家においては、国民は国民の選定した機関を通じて間接的に国政を行う制度、すなわち間接民主制による場合が多い。直接に憲法上の機関としての国民が行動するのは、きわめて重要な事項で主権者の最高の意思決定が必要なものか、あるいは、国民が直接に行うのに適当なつぎのような事項に限られている。

(ア) **特別の立法過程に参加する権能**　憲法改正の承認（九六条一項）と一の地方公共団体のみに適用される特別法についての同意（九五条）との二つの場合に認められている。

(イ) **公務員の任免**　憲法一五条一項は「公務員を選定し、及びこれを罷免することは、国民固有の権利である」と定めている。この規定は、国民主権の理念をあらわしたもので、具体的に国民がすべての公務員の任免の権能をもつことを意味しない。憲法上の機関として国民が任免権をもつ場合としては、国会議員の選挙（四三条）、地方公共団体の長、議会の議員などの選挙（九三条二項）および最高裁判所裁判官の国民審査（七九条二項—四項）をあげることができる。

憲法の定めるもののほか、法律によって直接民主制が認められる場合もある。たとえば、地方公共団体の議会の解散請求、長や議員の解職請求（地方自治法二編五章二節）がそれである。なお、日本国憲法のもとでの民主制は代表民主制を基本としているところから、直接民主制をとりいれることに消極的な意見がある。しかし、現代の間接民主制が空洞化する傾きのあることを考えると、問題によっては、住民投票のような直接民主制の制度を補完的に活用して、国民の意思を政治に反映させることは、憲法の趣旨に反しないであろう。

2 選　挙

◉問題の提起

選挙法を議会が制定するのは、犯罪人に刑法を作らせるようなものであると評される。これは、選挙法がその性質上党派的な考慮によって左右され、公正な選挙法は、通常の立法手続では望みにくいことを示している。中選挙区制のもとで、衆議院議員の定数配分規定が最高裁判所によって違法と判断されたにもかかわらず、選挙権の平等の要求がなかなかみたされなかったのは、その例証であろう。かつて憲法調査会の審議において、公正な選挙が議会制民主主義にとって重要な条件であるところから、そのために独立した憲法上の機関を作るべきであるという主張があった。最も徹底した提案では、立法、司法、行政の三権のほかに、選挙民権という第四の権力を認めて、具体的には、裁判官と同じ身分保障をもつ委員から成る選挙委員会が、選挙の管理や執行などを行うほか、選挙に関する法律案を立案し、それが国民投票で過半数の賛成を得れば法律となるとして、まったく選挙法の立法過程から国会を排除することが提唱された。また、選挙に関する法案を独立した機関によって作成させ、それを国会が修正し否決するについて通常の法律案より厳格な要件を付すべきであるという主張もあり、これには賛成者がかなりみられた。このような提案は実現性に乏しいが、選挙制度のあり方については問題点が多い。その検討のためには、選挙とはどういうものか、現行の選挙制度がどのようになっているかを理解しておく必要があろう。

選挙の意味

国民は主権者であるが、すでにのべたように、直接に国民の意思で国政を決定できる範囲は狭く、憲法は、国民が代表者を選定して間接に国政に関与するという間接民主制を原則としている。国民がこの選定に参与するための制度が選挙である。近代諸国家において、選挙こそは、主権者である国民の政治参加の最も普通の方法であり、それだけに選挙が公正に行われることは、国民主権の核心であるといわねばならない。選挙において定められた代表が正しく国民の意思をあらわしていないときには、国民主権そのものが歪められることになる。とくに「国権の最高機関」である国会の構成員を選ぶ選挙は、最も重要な意味をもつものである。

選挙は、法的にみれば、国家機関としての国民がその共同の行為によって公務員を選定し指名する行為である。この選挙に参加する国民を全体として選挙人団と呼び、その一員を選挙人（または有権者）という。選挙人である地位を選挙権というが、これが権利といえるかどうかについて従来争いがある。それは自然権のような性質をもつものではないが、単に国家機関としての公務にすぎないとするのは正しくなく、このような公務に参加することを憲法によって認められた権利であるといってよい。個々の選挙人が公務員選定に参加するにあたって行う意思表示を選挙ということもあるが、それは厳密には、投票というべきで、選挙とは多数人の共同の行為をいう。選挙が有効に成立するためには、普通には選挙人団によって選定され指名された者（当選人）がそれを承諾することが必要である。この場合、選挙は、選挙人団と当選人の双方の合意であるといってよい。選挙によって公務員になりうる資格を被選挙権ということがあるが、これはもとより選挙されることを主張できる権利ではなく、権利という表現は正確でなく、資格にすぎない。なお、このように選挙は選定・指名の行為であるから、権能を委任するわけではなく、実際上は当選人は選挙人団の意思を無視できないことが多いとしても、法的にみてそれに拘束されることはない。

近代選挙法の原則　近代国家は、多くの過去の経験をもとにして、選挙法に関するいくつかの原則を作りあげており、わが国でもそれらの原則が採用されている。

(1)　普通選挙　**(ア)　選挙権**　狭い意味では、一定の納税額や所有する財産額を選挙権の要件としないものを普通選挙というが、広くは、そのような財産的要件のみならず、人種、信条、性別、社会的身分、教育などを要件とせず、広く国民に選挙権を認めるものを普通選挙と呼ぶ。ほとんどすべての国で、はじめはこれらの事由による制限を加えていたが、時代とともに普通選挙を実現してきた。わが国では、明治憲法のもとで長く財産的要件を付した制限選挙が行われていたが、一九二五年に、二五歳以上の男子すべてに選挙権が認められ、さらに、一九四五年、婦人参政権が実現された。日本国憲法は、広く公務員の選挙について普通選挙を保障し（一五条三項）、さらに、一四条による法の下の平等の保障のほか、国会議員の選挙権について、「人種、信条、性別、社会的身分、門地、教育、財産又は収入によって差別してはならない」(四四条但書)と規定して、完全な普通選挙を保障している。

普通選挙といっても、合理的理由があれば、それに制限を加えることは許される。選挙権の性質からいって、国籍による制限がおかれるのはその一例である。政治に参加する以上、一定の精神的成熟を必要とするから、年齢による制限がおかれることも当然であろう。もちろん、民主制の発達とともに年齢は引き下げられ、憲法は「成年者による普通選挙」を保障している(一五条三項、公職選挙法九条)。その他、現行法上、成年被後見人、禁錮以上の刑に処せられてその執行を終わるまでの者、またはその執行を受けることがなくなるまでの者、一定の選挙犯罪者は、選挙権を有しないとされている(公職選挙法一一条)。普通選挙のたてまえからみて選挙権を失わしめる事由はできるだけ少ないことが望ましいが、これらはいずれも合理的差別といえる。

(イ) **被選挙権**　被選挙資格が、財産その他の理由で制限されないことは、普通選挙から当然に要求されるところではないが、選挙権の場合と同様に、できるだけ制約をおかないことが民主制の要請である。憲法四四条も、国会議員の被選挙資格について、選挙権と同じく差別しないことを定めており、現行法上も選挙権の要件に似ている。ただ、選挙された公務員として活動して直接的に国政に参与する資格であるために若干の差異が生ずるのはやむをえない。年齢制限が高いこと(衆議院議員、地方公共団体の議会の議員、市町村長は二五歳、参議院議員、都道府県知事は三〇歳)、選挙事務関係者(公職選挙法八八条)や多くの公務員(同八九条、国家公務員法一〇二条二項)が立候補を禁止されていること、また、兼職の禁止（そのなかでも衆参両議院議員の兼職禁止は憲法四八条で規定されている）のあることは、いずれも、被選挙資格を制約したものと考えられる。一定回数以上任期をつとめた知事などやいわゆるほうまつ候補の立候補を禁止することの提案もある。これらは、その定め方によっては違憲にならないかもしれないが、被選挙資格への制約を少なくし、選挙人の判断と批判を尊重するという民主制のたてまえからいって、慎重でなければならないであろう。

なお、職能代表制、すなわち、職業によって選挙人団を区別し、また被選挙資格も区別することは、実際上困難であるのみでなく、すべての国民がいずれかの職業にくりこまれない以上、社会的な地位による差別となり、違憲とされると思われる。

(2) **平等選挙**　各選挙人の選挙権の価値を均等としてまったく差別しない選挙が平等選挙である。かつては、選挙人を納税額などの経済力によって等級に分け、別々に選挙させる等級選挙（大正のおわりまで市町村会議員の選挙で行われた）、選挙人のうち一票のみもつ者のほか二票以上の投票をする者を認める複数選挙（イギリスでかつて認められた大学選挙区はその例である）のような不平等選挙が存在したことがあるが、現在は各国ともにそのような制度を認めず、日本国憲法においてもそれは存在しえない。もとより、平等選挙は、一人一票という形式的平等を内容とするから、選挙人の能力や政治的な判断力の差異をきりすてるもので、実質上の不平等ではないか、との疑問もあるが、民主制は選挙権についてこのような差異を否定するところに成立するといってよい。これに反して、人口の変動があったために、選挙区によって、ある地区の票が他の地区の票の何分の一の価値しかもたないことが生ずるときは、制度からくる不平等として憲法上の問題となりうる。最高裁判所は、はじめに、参議院議員の定数不均衡について、極端に均衡を失するときのほかは各選挙区に対する議員定数の配分は立法政策に委ねられていると判示した（最大判昭三九・二・五）。裁判所としては、政治問題として憲法判断を避けたのであるが、そのような状態が憲法上妥当でないことはいうまでもなく、立法部としては、不均衡を是正して平等選挙を実現すべき政治的な義務を負うであろう。立法部がこの義務を果たすことを怠り、長く著しい不均衡を是正しないときには、その定数配分規定が裁判所によって違憲と判断されることが考えられる。最高裁判所も、一九七二年の衆議院議員の選挙について、五対一という最大偏差が放置されている実情を重視し、一般的に合理性をもつと考えられない程度に達しているのみでなく、それをさらに超えるに至っており、また、憲法上要求される合理的期間における是正がされなかったとし、憲法の要求する選挙権の平等に反して違憲と判断した（最大判昭五一・四・一四。もっとも、行政処分がたとえ違法であっても、それを取り消すことが公の利益に著しい障害を生ずるときには、裁判所はそれを取り消さないことができるという、行政事件訴訟法三一条の「事情判決」の法理を類推して、すでに行われた選挙そのものは有効とした）。その後も同じ考え方をとっている（最大判昭六〇・七・一七。地方議会の定数不均衡についても同様である（最判昭五九・五・一七））。どの程度の偏差があれば違憲となるかは明示されていないが、ほぼ三対一を基準としているようにみられる（最大判昭五八・一一・七参照。また、三・一八対一の偏差を含む配分規定は違憲状態とされたが（最大判平五・一・二〇）、二・八二対一に是正されたときに合憲と判断されている（最判平七・六・八）。アメリカ最高裁は一人一票の基準をかなり厳格に適用している）。衆議院の議員定数の場合は最大の偏差が二対一程度を合憲の限度と考える見解が有力である（衆議院議員について、のちにみるように小選挙区制がとられたので、定数不均衡の問題は、選挙区間の人口ないし選挙人の数にかかる不均衡の問題となり、選挙区画をどのように設けるかを検討することとなる。衆議院議員選挙区画定審議会設置法三条は、区割りにあたって較差二倍を基本とするものとしている。もっとも同法成立のときにすでに二倍をこえる較差の選挙区が二八あった）。参議院の選挙区選出議員については、参議院の特質からみて定数配分は国会の合理的裁量に委ねられているところが大きいと解されるが（最大判昭五八・四・二七参照）、それでも、六・五九対一という較差を違憲の状態と認める判決がある（最大判平八・九・一一）。

(3) 直接選挙　選挙人がまず選挙委員を選び、その選挙委員が公務員を選挙する制度を間接選挙といい、一九世紀のヨーロッパ諸国に広く行われ、形式的にはアメリカの大統領選挙は現在も間接選挙である。わが国では、府県会議員が市会や郡会の議員によって選ばれるというような、選挙された議員（これは選挙のためだけに選ばれた選挙委員と異なる）が公務員を選ぶという複選制（または準間接選挙）は、かつて行われたことがあるが、間接選挙は行われたことがない。公職選挙法によれば、選挙人は、投票所に本人が出頭して（不在者投票は、所定の期日以前に投票をするのであるが、それもきまった投票所に本人が出頭して投票するものである。ただし、この原則の例外は、在宅投票制度である。この制度はもとの公職選挙法ではかなり広く認められていたが、のちに種々の弊害を伴うとして廃止された。この廃止により選挙権が行使できなかったとして国に損害賠償を求めた事件で、第一審は、この廃止は、弊害除去の目的達成のために他のより制限的でない手段がないことの立証がなく、身体障害者の投票を不可能あるいは著しく困難にするもので違憲と判示した（札幌地小樽支判昭四九・一二・九）が、最高裁判所は、国家賠償法上違法とはいえないとした（最判昭六〇・一一・二一）。なお昭和四九年の改正法によって重度の身体障害者についてこの制度が復活している。在外日本人も、日本国内の投票所に出頭して投票できない状態にあるが、これについては、一九九八年に公選法が改正され、在外投票制度が設けられた。しかし、当分の間両議院の比例代表選出議員の選挙に限定され、これについて、最高裁判所は違憲の判断を下した（最大判平一七・九・一四）。公給された投票用紙に候補者名を自書して（この点は、身体故障者や文盲者には例外が認められる。一九九四年に衆議院の小選挙区では候補者名に、比例代表については政党名に○印をつける記号式投票制をとる改正が成立したが、一回も実施されずに翌年自書式に戻された）、直接に公務員を選挙することになっている（四四―四九条）。間接選挙は、選挙人一般に信頼をおかないか、または一部の者の特権を認めるために行われたもので、民主制がすすむとその理由がなくなり、選挙はすべて直接選挙になる。日本国憲法は、地方公共団体の長と議会の議員の選挙について「直接」の選挙を明示している（九三条）のに、国会議員の選挙について明らかにしていないから、間接選挙も憲法上許される（とくに参議院議員について）かにみえるが、直接選挙が当然のこととしてとくに明示されていないと解すべきである。もし間接選挙を許すとすれば、それが憲法の明文で示される必要があろう（二〇〇〇年の公職選挙法改正で採用された参議院非拘束名簿式比例代表制について、最高裁判所は、それによる比例代表選挙が直接選挙にあたらないということはできないとした（最大判平一六・一・一四））。

(4) **秘密投票制**　選挙人が投票を誰にいれたかを明らかにする公開投票制は、選挙人に責任ある投票をさせるために一見望ましいようにみえるけれども、社会的に弱い地位にある者は、自由な意思によって投票をすることが妨げられる。すべての人が自分の自由な判断を他の者によって歪められずに投票できるためには、投票を秘密にしなければならない。現在、どこの国の選挙法でも秘密投票制がとられている。日本国憲法が、投票の秘密について明文をおいている（一五条四項）のも、その重要性を示している。公職選挙法も、無記名投票を定め（四六条四項）、何人も投票した被選挙人の氏名を陳述する義務のないことを明らかにする（五二条）など、詳しく投票の秘密を保障している。さらに判例では、選挙権のない者が投票し、また本人でない者が選挙人の名義を用いて投票したときのような正当でない投票者についてさえ、裁判所は、それが誰に投票されたかを調べることは許されないとして、投票の秘密を強く保護している（最判昭二五・一一・九）。もっとも、詐欺投票の捜査のため警察は、投票ずみの投票用紙を差し押えることは許される（最判平九・三・二八）。

(5) 任意投票制　正当な理由なしに棄権した者を処罰する強制投票制に対し、現行制度のように、棄権しても制裁を加えないものを、任意投票制、自由投票制という。選挙権が主権者である国民の公務としての側面をもっていること、選挙に多数の棄権者があっては正当な選挙人団の意思があらわれないことになることからみて、強制投票制にも理由がなくはないが、自由な意思で投票することを本旨とする選挙の本質からみて、制裁で強制することは適当でなく、むしろ選挙人の自覚にまつことが望ましいと考えられ、多くの国で任意投票制をとる。わが国では強制投票制はとられたことはない。もっとも、できるだけ棄権を少なくするための措置が講ぜられることは必要であり、法律は、選挙人に対し、特別の事情のない限り、選挙権の行使に必要な時間を与えるよう措置されねばならないこと

(公職選挙法六条三項)、また、使用者は、労働者が労働時間中に、選挙権を行使するため必要な時間を請求したときに、それを拒んではならないこと（労働基準法七条）を定めている。

(6) **相対多数制**　選挙において、投票の結果、有効投票の最多数を得た者が当選人となる（公職選挙法九五条）。選挙人の多数を代表する者を選ぶという趣旨からいえば、有効投票の過半数を得なくてはならないとする絶対多数制も理由があるが、これでは投票をくりかえす必要を生じやすく、実際上困難を伴うので、相対多数制をとる国が多い。ただし、最高得票者の得票があまりに少ないときは、代表を選ぶという趣旨がなくなるから、当選人となるための最小限度の得票数を法定する必要がある（同九五条）。

選挙区　全国の選挙人の全体が一つの選挙人団を構成することもある。参議院議員の比例代表選出議員の選挙はその例である。しかし、通常は、いくつかの選挙人団に分けて選挙が行われるが、それを分ける標準として地域によることが多く、その地域を選挙区と呼ぶ。選挙区をどうきめるかは、選挙の結果に大きな影響をもつ。それだけに、政党や個々の候補者にとって重大な関心事である。したがって、特定の政党や候補者のために人工的で不自然な選挙区を作ること、いわゆるゲリマンダリング（gerrymandering）の弊害を生じやすい。憲法が選挙区に関する事項は法律で定めることとし（四七条）、法律がそれを客観的な行政区画のような区域と一致させる方法をとっている（公職選挙法別表）のは、できるだけその弊害を少なくする趣旨であるが、さらに、公正な機関が中立的な立場から判断する必要性は、選挙法全体について存在するが、とくに選挙区の区割りについて高いといってよい（衆議院の小選挙区の区割りについて画定審議会が置かれている）。

選挙区には、その選挙人団がただ一人の議員を選出する小選挙区と二人以上の議員を選出する大選挙区との区別があり、諸国の制度はきわめて区々である。わが国の衆議院議員の選挙についていえば、はじめ小選挙区を原則とした（一八八九年）が、一九〇〇年にほぼ府県を単位とする大選挙区に改め、一九一九年には再び小選挙区にもどり、一九二五年に一区三人ないし五人の大選挙区（これを中選挙区といった）に変わった。そして戦後、一時、府県単位の大選挙区がとられた（一九四五年）が、一九四七年にいわゆる中選挙区に復帰した。ところが、一九九四年に政治改革法の一つとして公職選挙法が改正され、二〇〇（その後さらに改正され、現在は一八〇）の定数につき比例代表制をとりいれるとともに、三〇〇の定数については小選挙区が採用された。いずれがまさっているかは困難な問題であり、政治の安定、死票の増減、選挙の公正の確保、代表者の質など多くの観点から検討を必要とし、どちらにも長所と短所がある。結局は、その国の伝統、政治の状況、国民の政治意識の水準などを考慮してきめるほかはないであろう。

代表制の類型　どのような選挙区を採用するかは、投票の方法をどうするかとからんで、ある選挙区内の選挙人の意思のわかれと代表者の構成との比率を異ならしめることになる。そこでどのような代表制をとるかが、選挙制度の一つの問題点となる。選挙区内の多数派から議員を選出させ、とくにそこから選出される議員をすべて多数派に独占させる可能性を与えるものを、多数代表制という。小選挙区は、たとえ一票でも多数であると議員を独占することになり、多数代表制の典型である。大選挙区でも完全連記投票制をとれば、多数代表制になる。これでは、少数派は相当の支持を得ていても、議員を出すことを妨げられるし、死票を多くすることになるので、少数派にも議員を出す可能性を与えようとするのが少数代表制である。大選挙区制限連記投票制（選挙人に議員の定数にみたない複数の投票権を認めるもの）はその例であるし、わが国で広く行われてきた大選挙区単記投票制は、他国ではあまり例のないやり方であるが、少数代表制である。この制度も、多数派と少数派がどの割合で議員を出すかについて制度上の保障はなく、少数派が公正に代表されないことも、逆に、多数派の候補者の乱立などのため少数派が多くの議員を出すことも生じうる。

そこで、多数派に議員を独占させず、同時に多数派と少数派が得票数に比例した議員を出す可能性を保障しようとする比例代表制が考えられる。その方法として提案されたものは多いが、大別して、単記移譲式と名簿式に分かれる。いずれも、当選のために必要で十分な得票数を超えた分について移譲が行われるものであるが、前者は、選挙人の指定する順序で各候補者に移譲し、後者は、政党の作成した候補者名簿に対して投票し、名簿にしたがい政党単位で移譲が行われる。比例代表制は、死票をなくし、選挙民の意思を正しく議会に代表させる利点をもち、理論上すぐれているが、技術的な難点があったり、政党本位にすぎて選挙人の選択の自由が狭められたり、また選挙人になじみにくい欠点があり、さらに実施の結果は、党派の分立が議会に強くあらわれ、政治的安定を害するおそれもあるといわれている。わが国では、参議院の選挙について、一九八二年にそれまでの全国区制に代わって比例代表制が採用され、さらに、一九九四年に、政治改革の一環として、衆議院議員の選挙について、小選挙区制を採用しつつ、その欠点を補正するため比例代表制を併せてとりいれる妥協的な制度が実現されている。

公正な選挙の保障　選挙は国民の主権者としての意思を表示する最も重要な機会であるから、選挙人の判断の資料ができるだけ豊富に提供される必要があり、したがって、選挙運動が自由であることが望ましい。しかし、過去の経験は、それを放任しておくときは、腐敗を生じ、金銭が選挙の結果を支配する弊害を生ずることを示した。このような選挙の腐敗は、公正な選挙という議会政治の存立の前提を崩すことになる。そこで、現在、選挙運動について詳細な制限規定がおかれ、公正な選挙を保障しようとしている（公職選挙法一三章）。しかし、戸別訪問の禁止や文書の頒布の制限などは、それを違憲とまではいえないとしても、選挙運動の自由や選挙における表現の自由の見地からみてきびしきに失するもので妥当でない面がある。またわが国の現状では、これらの選挙運動の規制は、最もまもられない法の一つと考えられ、それに違反しても罪悪感が乏しい。それに対しては、いわゆる連座制の強化（同二五一条の二、同条の三——なお連座制は違憲でないという判決がある〔最大判昭三七・三・一四、最判平九・三・一三、最判平九・七・一五〕）や罰則をきびしくすることなどの法的措置も必要であるが、なによりも、候補者や選挙運動をする者の法遵守へのきびしい自覚と、選挙人が不公正な選挙運動を排除する態度とが必要であると思われる。

さらに、選挙が公正に行われるために、選挙に関する争訟の提起が認められる。ここでは、その争訟をどのような機関の管轄に属せしめるかが問題になる。この争訟は、当事者の権利保護よりは、むしろ選挙が適法・公正に行われることを目的とするものであるから、通常の裁判と性質を異にしているし、とくに国会議員の選挙については三権分立のたてまえからいっても、その管轄を議員の属する議院に属せしめるのが合理的であるというみかたもなりたつ(フランス第四共和国憲法ではこの方式をとっている)。しかし、争訟が、政党的利害をはなれて法律的に公平に判定されるためには、議会から独立した機関、とくに裁判所に委ねるのが適当であるとも考えられる。現行制度は、この立場をとり、すべての争訟を裁判所に提訴することを認めている(とくに公職選挙法一五章参照)。もっとも、国会議員の資格に関する争訟は、その属する議院によって裁判されることに注意すべきである(五五条)。

3 象徴天皇制

◉問題の提起

サンフランシスコ平和条約の成立ののち、第一三回国会の開会式（一九五二・一・二二）に臨んで、天皇は「お言葉」のなかで、「平和条約については、すでに国会の承認を経て、批准を終り、効力の発生を待つばかりとなったことは、諸君とともに喜びに堪えません。……」とのべられた。当時、平和条約のあり方をめぐって、国内には、全面的な講和条約を結ぶべきであったという意見もあり、それは、この平和条約についての「お言葉」と必ずしも同じでない見解であったため、この「お言葉」は適当でないということで問題とされたことがある。憲法上の問題として考えると、はたして天皇が国会において「お言葉」をのべることができるか、できるとすれば、その根拠はどこにあるか、「お言葉」の内容にはどのような制限があるか、その制限を超えたとき誰が責任を負うか、などの問題を生ずる。天皇が外国の元首と親書・親電を交換したり、外国を公式に訪問したりすることも、これと似た問題を生ずる。天皇の憲法上の地位は何か、その権能をどう解釈するかを考えることが、この問題に答えるために必要である。

天皇の地位　日本国憲法は、その基本原理として人類普遍のものである国民主権を採用したが、他方で天皇の存在を認めた。国家の構成員のうちに、身分的に特殊な地位をもつ者を認めることは、民主制とは相容れない要素を含むとも考えられるが、憲法はその国家の伝統や歴史、国民感情を尊重することも必要であり、その意味で、日本国憲法は、人類普遍の原理に一つの修正を認めたのである。そして、国民主権をとりながら君主制を認め、それを両立させることもできなくはなく、そのような外国の例もいくつかある。しかし、このような修正は、あくまでも国民主権と調和した形でとりいれねばならないから、明治憲法のような神勅にもとづいて国政の中心をなす地位を占め、強い権能をもつ天皇であることはできず、したがって、日本国憲法における天皇は、国民の総意にもとづく、国家と国民の統合の象徴としての地位に立って、それにふさわしいと考えられる権能をもつものとされている。以下、天皇の地位を考察してみよう。

(1)　**天皇の地位の根拠**　天皇の公的な地位の根拠は、一条の明示するように国民の総意にある。これは、天皇の地位が国民の意思を超越した神の意思にもとづくとする明治憲法のたてまえを排斥し、国民主権と調和する根拠づけを行うものである。「総意」という表現は、ルソーが国民全体の普遍的・合理的意思として用いた一般意思（volonté générale）を思わせるものであるが、単に国民の個別的意思の総合されたものと解してよい。

(2)　**天皇の私的行為**　天皇という地位は公的なものであるが、その地位を占めるのは人間であるから、当然に個人として私的な地位ももつのであり、この地位における行為は法の特別の規定をまつことなしに行いうる。避暑や避寒、生物学研究のための採集、スポーツや展覧会の観覧などがそれである。宮中における元始祭などの祭りも現在は皇室の私事として私的行為とされている。これらは、私的行為であるから公金（宮廷費）ではなく、内廷費（お手許金）でまかなわれることになる。私人としての行為は原則として自由であるといってもよいが、天皇の特殊の地位にもとづきおのずから制約をうける。学問研究にしても、その成果の発表には限界があろうし、基本的人権も大幅な制限をうける場合が多い（たとえば、選挙権はなく、婚姻の自由も制限される）。また、天皇が「財産を譲り受け、若しくは賜与する」には、民法の適用をうけるほか、憲法および皇室経済法の規定にしたがい、国会の議決をうけなければならない（八条、皇室経済法二条）。

(3) **象徴としての地位**　天皇は公的に国家機関の一つとしての地位で国事行為を行う。この点は憲法の明文でその地位における権能を定めており、のちにのべることにしよう。解釈上問題を提供するのは、天皇の象徴としての地位である。天皇は「日本国の象徴であり日本国民統合の象徴」である（一条）が、まず「象徴」とはどういうことか。一般的にいえば、象徴とは、無形で抽象的なものを有形で具体的な存在によってあらわすことである。国家の内部にはいろいろの異なる要素が存在し、国家としての統一性を阻害することが多いが、象徴はそれらを結合し統一させる機能をもっている。もとより、象徴によってはじめて国の統合が創設されるわけではない（国旗があって、国民や国家ができるわけではなく、国家や国民があっての国旗である）。しかし、象徴は、すでに存在する統合を強化し分裂を防ぐ政治的機能をもつものとして無視できない（たとえば、国旗への忠誠を通じて国家への忠誠心を強めることが多い)。

天皇は象徴として、日本国または日本国民の統合という、感覚でとらえられないものを、その人としての存在でもって、具体化するのである(ここで日本国の象徴ということと日本国民統合の象徴ということとは結局は同じことを意味しているとみてよい)。およそ君主というものは、つねにこの象徴的機能をもっている。明治憲法における天皇も、この象徴的地位をもっており、この地位は伝統と慣習によって支えられていた。日本国憲法は、このようなすでに成立している象徴的地位を成文をもって明らかにすると同時に、明治憲法下の天皇が象徴であるとともに統治権をもつ者であったのを、象徴たる地位のみをもつ者にしたのである。このようにして、象徴としての地位は憲法によって創設されるのでなく、それに先立って社会的事実として存在していなければならない。もし事実として天皇の統合的機能が失われたときには、憲法が規範として象徴であるべきことを要求していても、その地位は弱体化するのである。その意味で、象徴天皇制が他の憲法の規定に比して国民の意識のなかに定着している程度の高いことが多くの世論調査で示されていることは、日本において天皇の象徴的機能の大きいことを物語っている。

象徴が国旗のように物であるときは問題は少ないが(そこでも特定の政治的意見を示すための国旗の焼却をどう扱うかのような問題がある)、人間象徴の場合は、単に静態としての機能をもつほかに、動態における行為がなされるので問題を生ずる。一つの問題として、象徴は、有形のものと無形のものという異質のものの間の関係であるから、同質のものの関係である代表とは異なることを注意すべきである。

代表者の行為は代表される者の行為とみなされるが、象徴としての天皇の行為は、そのままでは日本国または日本国民の行為とみなされるという法的効果は生じない。

(4) 天皇の公的行為

最も困難な問題は、象徴としての地位における天皇の行為を公的な行為としてとらえるかどうかである。法律的効果をもつ行為は国家機関としての権限がなければならないから、象徴としての行為は、法的な意味をもたず、いわば事実行為であるが、それは、政治的・社会的には重要な意味をもちうる。一つの見解によれば、憲法上、明文をもって定めた国家機関としての行為（のちに説明する「国事行為」）のほかは、天皇のなしうるのは私的行為に限るとされる。これは、天皇の権能をきびしく制限する趣旨に力点をおく考え方である。この立場では、本節のはじめに提起した問題にあげたような天皇の行為を合憲とするためには、それらが国事行為の一つに該当すると解するか（たとえば、国会の開会式出席は七条一〇号の「儀式を行ふこと」にあたるとする）、純然たる私的行為とするほかないが、いずれも無理な解釈であろう。そして、それらの行為は国事行為でも私的行為でもないから憲法上禁止されているとするのも合理的でない。したがって、天皇は、国事行為と私的行為のほかに、憲法上象徴としての地位を与えられたことにもとづいてなされる公的行為という特殊の類型の行為をなしうると解するのが妥当であろう。この立場に立てば、それらの行為は公的行為であるから、私的行為のように原則として自由な行為ではなく、とくに天皇が政治に介入することは象徴としての地位と両立しないから、政治的に無色なものでなければならず、政治を決定することはもとより、それに影響を及ぼすことも許されない。このようにして、象徴としての事実行為にも重大な憲法的制約がおかれる。また、私的行為でないから、この行為について内閣が直接にまたは宮内庁を通じて間接に補佐することになり、その行為に対する責任も内閣が負うことになる。なお、公的行為を認めることにより、その費用も宮廷費として国費によって支弁されることが可能になる。これも実際にかなった考え方であろう。

(5) 天皇の地位の特殊性　一九四六年元旦に出された、いわゆる人間宣言によって天皇の神格性は否定され、また天皇の地位の尊厳を前提とする不敬罪も廃止される（廃止前の不敬罪にあたるとして起訴されたプラカード事件では、不敬罪について大赦令が出されたことで被告人は免訴となった〔最大判昭二三・五・二六〕）など、明治憲法下の天皇制における天皇の特別の地位は、大幅に削除されることとなった。しかし、象徴としての天皇の地位にもとづいて、法的に特殊の扱いがされることが多い。誕生日が国民の祝日とされ（国民の祝日に関する法律二条）、陛下という敬称が認められる（皇室典範二三条）のはその例であるが、最も重要なことは、その地位が世襲であることである（二条）。したがって、天皇の血統に属する者のみが皇位につくことができ、このため皇位は皇族のみに伝えられ、天皇および皇族は養子をすることができない（皇室典範二条・九条）。そして、世襲であるから、皇位継承の原因が発生すると、皇嗣すなわち皇位継承の第一順位の者（これが誰であるかは、皇室典範二条によって紛議の余地のないように明確に定められている）が法律上当然に（すなわち、なんらの儀礼や手続もなく、また皇嗣の承諾も必要でない）、即時に天皇の地位につくのである。日本国憲法二条は、皇位の継承につき、世襲ということのみを定め、他はすべて国会の議決した皇室典範の定めによることとしている。皇室典範は通常の法律の一つであるから、このことは、皇位が国民の総意にもとづくことを示すとともに、現行の制度も法律の改正手続で国会が自由に改正できるのである。現行法では、明治憲法下と同じく皇位継承の原因は天皇の崩御（死亡）に限られ、天皇の退位は認められておらず（同四条）、また皇位につくことのできる者は「皇統に属する男系の男子」である（同一条）から、女子の天皇は認められない（これは男女平等に反するが、天皇の地位の特殊性から、一四条・二四条はそのまま適用されず、違憲とはいえないであろう）。なお、旧制と異なり、嫡出でない子は皇族の身分がないから、皇位継承の資格はない（同六条参照）。

(6) 天皇の法的性格　天皇の地位に関する最後の問題として、それが君主であるか、また元首であるかが争われている。これは、君主なり元首なりが何を意味するかによってきまるのであるが、これらの観念は決して固定的ではなく、歴史とともに流動するものであることに注意すべきであろう。かつては、君主であるためには、一定の統治権をもつこと、とくに行政権の主体であることが必要であると考えられていたから、これによれば、まったく国政に関する権能を有しない日本国憲法のもとでの天皇は君主でないことになるが、現在ではむしろ、君主であるかどうかは、一人の構成する世襲の機関が国の統合を象徴する機能をもつかどうかによってきめてよいと思われる。いわゆる「君臨するも統治しない」のが現在の君主であり、それは国民主権と必ずしも矛盾しないものと考えられる。したがって天皇を君主とみて誤りではないであろう。

つぎに、天皇が元首であることを否定する見解が多い。明治憲法は明文をもって、天皇を元首としていたし（四条）、また、元首であるかどうかをきめる最大の要素である対外的代表権が与えられていた。日本国憲法のもとでは、天皇は、条約を締結したり外交使節を任免するなどの実質的な対外的代表権をもたないから元首でないとするのも、十分に理由がある（この立場によれば、内閣総理大臣が元首ということになろう）。しかし、元首についてもそれが実質的な権能をもたねばならないと固定的に考える必要はないであろう。天皇は、儀礼的・形式的な権能ではあるが、批准書や外交文書の認証、全権委任状の認証を行い、外国の大・公使の接受を行うのであるから、表見的な代表権があるといえる。したがって天皇を元首とすることもできよう。慣行上も、他国の元首との親電・親書の交換が行われ、外国の大・公使の信任状も天皇にあてられ、その正本が天皇に奉呈されており、天皇が元首として扱われている。もとより、このことは、元首の観念を流動的に考えるならば憲法の定める権能からみて天皇を元首と解してもよいというにとどまり、逆に、元首であるから、憲法の定める権能では十分ではなくこれを強化すべきであるということにはならない。象徴天皇制はあくまでも国民主権と両立するものでなければならないのである。

天皇の国事行為

象徴としての天皇は、すでにのべたようにその地位においていくつかの公的行為を行うが、それは国家機関として行う法的意味のある行為ではなく、象徴である地位は国家の行為を行うことと必然的に結びつかない。しかし、憲法は、明文の規定をおいて、象徴である天皇に国家機関としての地位を認め、一定の国事に関する行為を行う権能を与えている。この権能は、明治憲法のもとでの天皇が統治権を総攬したのとはまったく異なっており、「天皇は、この憲法の定める国事に関する行為のみを行ひ、国政に関する権能を有しない」とされている（四条）。「国事」

と「国政」とが何を意味するかは言葉だけでは明瞭ではない。しかし「国政」とは、国の政治を決定し、またはそれに影響を与えうる行為を指し、したがって国政に関する権能を有しないとは、天皇がおよそ政治の領域に介入してはならないことを意味すると解される。それは何よりも、過去の経験からみて、天皇が政治的権能をもつとき、その名のもとに少数の者が専断的政治を行う可能性があるからである。国事に関する行為とは、このような政治的意味をもたないものであり、国家的な儀礼行為ないし実質的な決定を含まない純然たる形式的な行為を意味する。これらの行為は、天皇にその権能を与えても、形式的な行為であり、しかも憲法上明確に限定されているために、専断的政治を招くおそれがなく、他面で、天皇が象徴たる地位にふさわしい行為を行うことにより、その行為そのものも権威づけられるのである。

天皇が国家機関として行う国事行為は種々であるが、大別して三つの種類に分かれる。

(1) **儀礼的行為**　君主が行うにふさわしいと考えられてきた純粋の儀礼的行為であって、これは事実たる行為で法的意味をもたない。

(ア) **外国の大・公使の接受**（七条九号）　ここに接受するとは、外交使節に接見し、それを接待するという儀礼的事実行為である。普通に「接受」は、外交使節にアグレマンを与え信任状をうけいれる実質的な外交行為をいうが、これらは内閣が行うものである。慣行上、信任状が天皇にあてられているが、天皇はそれを形式的にうけとるという事実行為を行うにすぎない。

(イ) **儀式の挙行**（七条一〇号）　国家機関として天皇が主宰する儀式のことで、皇室内の儀式はここにふくまれず、国家的儀式たとえば即位の礼、大喪の礼、毎年一月一日に皇居で行われる新年祝賀の儀などがそれにあたる。他の儀式に参列することは、象徴としての公的行為になりうるが、ここにいう国の行為ではない。なお、天皇の挙行する国家的儀式は、政治的意味をもちえないのみならず、政教分離のたてまえ（二〇条三項参照）から、宗教的なものであってはならない。

(2) 形式的行為　天皇以外の機関の行為として確定し成立したものに形式的・儀礼的につけ加えられる天皇の行為である。

(ア) 憲法改正、法律、政令および条約の公布（七条一号）　公布の対象となる国法の成立は、それぞれ天皇以外の機関の行為によって完了しており、公布はそれを国民一般に知らせる行為である。近代国家では国法は公布によって効力を発生することになっており、公布は法的に重要な意味をもっている。象徴である天皇が公布することは、国法への尊敬を高める趣旨をもっている。もとより、天皇は国法の裁可権または拒否権をもたないから、すでに成立した国法を公布しない自由をもたない。

(イ) 認証　憲法は、多くの国家行為を天皇が認証する権能をもつものとする。認証とは、ある行為が正当な手続によって存在し成立していることを公に証明することであり、それは行為の成立要件でも効力発生の要件でもなく、それがなくても行為が当然に無効とはならない。また天皇が認証を拒否する自由をもたないこともいうまでもない。一定の行為に天皇の認証を要するとしていることは、一面でこれらの行為に天皇が実質的決定権をもたないことを明らかにするとともに、他面でこれらの行為に権威を与えようとするためである（もっとも、以下にみるような事項にのみ認証を要するとした理由は必ずしも明らかでない)。

認証の対象となるのは、国務大臣および法律の定めるその他の官吏(たとえば、最高裁判所裁判官、検事総長、人事官、特命全権大公使などであり、これらを認証官と呼ぶ)の任免ならびに全権委任状すなわち外交交渉を行う権限を証する書面、大使・公使の信任状(七条五号)、条約の批准書および法律の定めるその他の外交文書(七条八号)、大赦、特赦、減刑、刑の執行の免除および復権(七条六号)である。最後のものは恩赦と総称され、訴訟手続によらないで、裁判所の言い渡した刑の効果の全部または一部を消滅させる行為であり、行政権による司法権の効果の修正であって、権力分立に対する例外をなすが、古くから諸国で認められた制度である。詳しくは恩赦法が定めている。これを実質的に決定するのは内閣である(七三条七号)が、恩赦権の濫用(たとえば、選挙犯罪者に対しての恩赦がしばしばみられる)には注意を必要としよう。

(3) その他の行為　憲法の文面からは天皇みずからが行うかにみえるものがある。しかし、これらについても、国事行為はすべて形式的なもので、実質的決定権は他の機関にあると解しなければならない。

(ア) 内閣総理大臣および最高裁判所長官の任命(六条)　日本国憲法上天皇が任命するのはこの二者のみである。行政部と司法部の首長の任命は象徴たる天皇が行うことが適当と考えられたのであろう。これらの実質上の選定は、内閣総理大臣については国会が(六七条)、最高裁判所長官については内閣が(六条)、指名によって行い、天皇はまったく関与せず、その選定によりそのまま形式的任命行為を行う。この天皇の権限は任命についてのみで、罷免には及ばないと解される。

(イ) **国会の召集**（七条二号）**と衆議院の解散**（同条三号）　国会の活動はほとんどその自主的な決定に委ねられ、召集と衆議院の解散のみを天皇の権能とした。これらの行為も実質的決定は内閣がその責任で行うのであり、天皇はその決定をそのまま外部に表示する行為のみを行うのである。これらは国政に関する重要な事項であるから、形式的であれ天皇が関与することには疑問があるが、立法権と行政権の双方にわたる問題であるために天皇の権能とされたのであろう。内閣が実質的権限をもつ根拠についても争いがある。衆議院の解散については後述にゆずる。国会の召集について、臨時会の召集について明文がある（五三条）ことを類推して、常会、特別会をも同様に考えてよいし、七条が形式的行為としての召集について、内閣の助言と承認を要求していることと、さらにその背後にある議院内閣制のたてまえから、内閣に実質的決定権があると解してよいであろう。

(ウ) **国会議員の総選挙の施行の公示**（七条四号）　衆議院議員の総選挙のほか、三年ごとに半数について行われる参議院議員の通常選挙を含む。選挙の期日とその公示の時期はほぼ法律で定められている（公職選挙法三一条・三二条）が、この限度内で内閣が決定し、天皇が形式的にそのまま外部に表示することになる。内閣の実質的決定権の根拠は召集の場合と同じに考えてよい。

(エ) **栄典の授与**（七条七号）　君主国において、君主の固有の権能として普通に恩赦権と栄典授与権とが認められる。日本国憲法は、恩赦については、天皇はそれを認証するにとどまるものとしたが、栄典については、栄典にはいかなる特権も伴うことなく、また一代限りの効力をもつという制限をつけつつも（一四条三項）、栄誉の源泉である君主の栄光を分かち与える趣旨に立って、明治憲法と同様に天皇の権能として、栄典を権威づけたのである。この場合も具体的に栄典の措置を決定するのは内閣である。実際において、憲法施行後、文化勲章、褒章を除いて、位および勲章の授受は原則として停止され、死亡者に対してのみ行われていたのであるが、一九六三年、政府は閣議決定によって勲章について生存者にもこれを授与することとし、かつての制度を復活させた。栄典は、恩赦に比して政治的性質が弱く、相手方に利益を与えるにすぎないものであるが、栄典の授与による政治的効果も考えられるし、国民の一部に特殊の資格を与えることになるのであり、何よりも、国民主権のもとで栄典についての考え方も従前と同一ではないから、閣議決定による旧制度の復活は妥当でなく、法律をもって新しく栄典の内容を定めるべきであったと思われる。なお、天皇が栄典を授与する権能をもつことは、天皇以外が授与する栄典（たとえば内閣総理大臣による国民栄誉賞）を禁止するものでないことはいうまでもない。

天皇は国事行為として以上のような行為を行うが、それは「国民のために」行うのである（七条）。六条の行為についても同様である。このことは国民主権であることから当然であり、国会、内閣、裁判所の権能についても同様であるが、明治憲法のもとでの天皇が固有の権能をもっていたので、とくに天皇についてのみ注意的に明示していると思われる。

内閣の助言と承認

天皇の国事行為は、つねに「内閣の助言と承認」を必要とする（三条）。天皇は形式的な行為のみを行うのであるが、それについても単独で行うことができず、内閣の助言と承認が要求される。

(1) 助言と承認に関する問題

内閣の助言と承認についていくつかの問題がある。(ア)七条はさらにこの点をくりかえしている。六条の国事行為についてはそれが省略されているが、三条が適用され同様に解すべきことはいうまでもない。(イ)この助言と承認は内閣が行い、明治憲法での輔弼のように各大臣が個々に行うのではない。(ウ)内閣の助言と承認によってというのは、内閣の意見にもとづいてということである。助言と承認という言葉は、天皇の行為の前後によって分けているようにみえるが、天皇が発議して内閣が承認することはないし、事前に助言したものをさらに事後に承認する必要もない。両者を一括して助言ないし補佐といいかえてもよい。下級審の判例では、内閣による助言と承認との両者を必要と解するものがある（東京地判昭二八・一〇・一九、東京高判昭二九・九・二二）が、適当ではない。(エ)天皇の行うすべての国事行為は内閣の意見にもとづいて行われることが必要である。内閣総理大臣の任命については従前の内閣が助言を行う。ただ、国務大臣の任免の認証について、はじめて内閣を組織するときは事実上閣議が開けないから、任命の認証は内閣総理大臣が単独で助言をすることにならざるをえないし、また罷免の場合も、その性質上その認証の助言の閣議には、当該の大臣は除外されるであろう。さらに、国事行為のうちには、実質上の決定権を内閣がもつ場合がきわめて多い。その場合は実際上実質的な決定には、形式的行為についての助言が含まれており、実質的決定と助言とに分けて二種の閣議を開く必要がないことが多いであろうが、理論上はここでも、天皇の国事行為についての助言が行われたとみてよい。(オ)内閣の意思に天皇が当然にしたがわねばならず、それと異なる天皇の行為は成立しえないのは当然である。(カ)最後に、明治憲法のように「副署」の制度は憲法上規定されていないが、実際には、文書による天皇の行為については内閣総理大臣の副署が行われ、内閣の助言を立証する機能を果たしている。

(2) **天皇の行為の責任**　このように天皇の国事行為はすべて、内閣の意見にもとづき、それに拘束されて行われる。したがってその行為の責任も当然に内閣が自己の行為に対する責任として負う(三条)。この責任の相手方は明文がないが、国事行為が「国民のために」行われるから、広く国民に対する責任であるといえるが、直接には国民を代表する国会に対して負うのであり、政治的責任という性格をもっている。

明治憲法三条のように天皇の無答責を定めたものと解される規定はないが、国事行為について内閣が責任を負うということは、天皇自らは責任を負わないことを意味する。国事行為以外の天皇の行為についての天皇の責任は、憲法にも法律にも規定はないが、公的行為については前述したところであり、私的行為については、民事責任を負うと解される(もっとも、象徴である天皇には民事裁判権が及ばないとする判例がある(最判平元・一一・二〇))。刑事責任については、つぎにみるように摂政が在任中訴追されないことや、天皇の象徴としての地位からみて、天皇はこれを負わないとすべきであろう。

天皇の権能の代行　天皇が自ら国事行為を行いえない場合には、その権能を他の者に代行させる必要が生ずる。

(1) **摂政**　摂政は、法定の原因が発生したとき、すなわち、天皇が成年(一八歳)に達しないとき、または精神もしくは身体の重大な疾患または重大な事故によって、将来長期にわたって国事行為を自ら行いえないとき（その認定は皇室会議〔皇室典範二八条の定める組織をもつ機関で、皇室に関する一般的事項を審議するために設けられる〕が行う）におかれる、天皇の法定代理機関である（五条、皇室典範一六条）。摂政は、天皇の名で、すなわち天皇に代わって、その国事行為を行う（五条）。摂政の行為は天皇の行為とみなされ、儀式の挙行のような事実行為も代行できるが、天皇の地位につくものでないから象徴たる機能を果たすものではない。したがって象徴としての地位にもとづく公的行為は代行できないと解される余地はあるが、国会の開会式の出席、外国の元首との親電・親書の交換などの儀礼的な事実行為は代行できると解してもよいと思われる。摂政は国事行為の代行機関であるから、国政に関する権能をもたないことは当然で、五条後段が「この場合には、前条第一項の規定を準用する」と定めるのは注意的規定にすぎない。四条二項は準用されていないから、摂政はその権限を他の者に委任することはできない。委任の必要が生じたときは摂政の順序の変更をしなければならない。摂政となる資格と順序については皇室典範が明確に定めている（皇室典範一七―二〇条）。摂政は普通の皇族と異なる扱いをうけるものではないが、ただ刑事責任について、「その在任中、訴追されない」という特典を与えられている（同二一条）。

⑵ **国事行為の委任**　憲法は、「天皇は、法律の定めるところにより、その国事に関する行為を委任することができる」ことを認めている（四条二項）。これは、法定の代行でなく、天皇の意思による臨時の委任代行である。これは、天皇に、精神もしくは身体の疾患または事故があるが、摂政をおく

ほど重大でなく、代行の必要性が一時的とみられる場合（たとえば天皇の外国訪問旅行）に、とられる処置である。一九六四年に「国事行為の臨時代行に関する法律」が制定されて、その詳細を定めている。

4　地方自治

◉問題の提起

地方自治法は、はじめ東京都の特別区の区長を住民の直接選挙によってきめるものとしていたが、第一三回国会でこれを改正し、特別区の議会が都知事の同意を得て選任するものとした。区議会議員らが区長選任に関して贈収賄したことで訴追された事件で、原審は、この改正規定は、地方公共団体の長の公選を要求する憲法九三条二項に反しているから、区議会議員の区長選任行為は正当な職務に関する行為でなく、贈収賄罪は成立しないと判示した（東京地判昭三七・二・二六）。高等裁判所を経ないで、地方裁判所から直接に上告（これを跳躍上告という）をうけた最高裁判所は、「憲法が特に一章を設けて地方自治を保障するにいたった所以のものは、新憲法の基調とする政治民主化の一環として、住民の日常生活に密接な関連をもつ公共的事務は、その地方の住民の手でその住民の団体が主体となって処理する政治形態を保障せんとする趣旨に出たものである。この趣旨に徴するときは、右の地方公共団体といい得るためには、単に法律で地方公共団体として取り扱われているということだけでは足らず、事実上住民が経済的文化的に密接な共同生活を営み、共同体意識をもっているという社会的基盤が存在し、沿革的にみても、また現実の行政の上においても、相当程度の自主立法権、自主行政権、自主財政権等地方自治の基本的権能を附与された地域団体であることを必要とするものというべきである」とのべ、その基準によれば、特別区は憲法九三条二項にいう地方公共団体ではなく、したがって長の公選制をとらなくても、それは政策問題であって、違憲ではないと判断した（最大判昭三八・三・二七）。特別区の区長については、一九七四年の地方自治法の改正により再び公選制に復帰したのであるが、この事件は、地方公共団体とは何か、憲法による地方自治とは何を意味するかについて考えねばならない点を含んでいる。

地方自治と民主制

地方政治は国の政治の基礎をなし、国が民主制を確立するためには、地方政治が民主化することが不可欠である。国民主権の成長のためには、地方自治が成熟し、そこで住民が公共事務を自分らの意思で行う体制が樹立される必要がある。民主制がすすんだ国は、例外なしに民主主義が地方において根をおろしている事実はよく知られるところである（たとえばイギリスやスイス）。歴史的にみれば、地域的な共同体が自主的に自らの事務を処理することが国家の形成に先立っていたのである。もとより、国家とくに近代国家は権力を中央に集中する傾向をもち、したがって地方自治が弱体化するところも多かったが、従前の地方自治をできるかぎり存置し、近代国家の要求と調和させえた国において、民主制は健全な発展をとげたといってもよいのである。

現代の国家の体制において、国が統一的な主権をもち、地方自治といってもその承認のもとに存在しうるので、地方公共団体は固有の独立性をもつとはいえない。しかし、地方自治が憲法の基本である国民主権を支える重要な柱であるという認識をもつことが、地方自治に対して国がどのような態度をとるべきかという、その立法政策のあり方に枠をはめることになるのであって、きわめて重要である。とくに国家の機能が高度化した現代国家においては、国全体としての政策の能率的な実現が重視されることとなって、中央の権力の強化の傾向を生むのであり、それだけに地方自治と民主制の結合を強く意識しておく必要度が高いといわねばならない。もちろん、地方自治を極端に強調し、国家としての統一的な意思形成を妨げてはならない。国の政治と地方自治とを適正に調和させるところに、現代国家の課題があるのである。ただわが国においては、ともすれば、地方の自主性を抑えて、権力を中央の機関に集中する政策がとられやすい（たとえば地方的事務についても、中央の統制と監督が強化されがちであり、かつて地方公共団体への財源配分が中央への依存度を高めていることをとらえて三割自治と呼ばれた）。それだけに、憲法が地方自治を制度として保障していることが重要であるといってよい。明治憲法には地方自治についての規定がなかった（もとよりそこでも地方自治が無視されたわけではない。とくに最も基本的な地方公共団体とされた市町村ではかなり高度の自治が認められていた）のに反し、日本国憲法が、とくにそのために、原則的な規定にとどまるとはいえ、一章をおいたことの意義は、評価されねばならない（地方分権推進法によって進められた地方自治の改革（「第三の改革」と呼ばれる）が一九九九年の地方分権一括法（地方分権の推進を図るための関係法律の整備等に関する法律）によって結実した。それにより、国と地方公共団体との役割分担が明文化され、地方自治の大きな発展が目指されている（地方自治法一条の二））。

地方政治は、その地域が狭いこと、住民の共同連帯意識が育ちやすいことなどからみて、住民による政治を実現するのに適した場であることも指摘しておいてよい。地方自治は民主主義のための学校であるといわれるのもこのためである。現代の地方公共団体は、かつての村落のように単純な組織ではないから、そこでも、多くの場合に国の政治と同じように、代表者を選んで間接的に政治に参与することにならざるをえない。しかし、日常生活に密着している事務が多いために、代表者の行動に対して実際的立場からの批判を加えて、住民の意思による政治を実現しやすい。さらにまた、そこでは直接民主制の諸制度を採用することが比較的容易であり、しかもその制度が活用される可能性が大きい。地方自治法は、この趣旨に立って、住民に、条例の制定・改廃の請求（七四条）、監査の請求（七五条）、議会の解散の請求（七六条）、長その他の役員や議員のリコール（八〇条・八一条・八六条）などの直接請求権を規定して、かなり広く住民の意思による直接の政治のための手段を認めている。また、長の違法な公金の支出などに対して住民訴訟が認められている（二四二条の二）のも、地方公共団体の行政への住民のコントロールの手段となっている（国政との調和も必要であるが、特定の問題について住民投票条例を制定し、住民の意思を確かめることに対して、間接民主制のたてまえから直ちに消極的な評価をすることは適切であるまい）。

地方自治の本旨　憲法九二条は、「地方公共団体の組織及び運営に関する事項は、地方自治の本旨に基いて、法律でこれを定める」と規定しているが、本条は地方自治について基本的たてまえを定めたものであり、それだけにその意味は必ずしも明確ではない。ある立場によれば、地方的事務は地方公共団体に委ねることを国が承認したものであるが、国家的事務と地方的事務との区別は流動的で相対的なものであるから、国がすべての事務を地方的事務と認めなければ、地方自治の前提がなくなり、地方自治制もなくならざるをえないのであり、したがって本条は制度として地方自治を保障したものではないと解する。しかし、本条は「地方自治の本旨」の尊重をうたい、すべてを立法政策に委ねているのでなく、いかなる時代にあっても地方に委ねるべき事務のあることを前提としているのである。したがって、地方自治は憲法によって制度として保障され、法律でこれを消滅させることは許されないと解すべきであろう。

それでは「地方自治」とは何か。それは、地方的事務はその地方の住民の意思にもとづいて行われること（住民自治といわれる。ここから、住民が直接に事務を行うほかは、住民の選定した者がそれを処理し、国がその選任を行うことは地方自治に反することになる）、および、国の領域内に一定地域を基礎とする団体が国から独立した法人格をもち、その地域的団体の権能により、その機関をして地方的事務を処理させること（団体自治といわれる）の双方を含んでいる。憲法にいう自治は、住民自治の原理を重視しているが、それを実現するためには団体自治が手段として妥当であるから、当然に団体自治も要請される。憲法九二条は、地方公共団体に関する立法の場合に、つねに住民自治と団体自治の基本原則を侵してはならないことを定めている。九三条ないし九五条の規定はさらにそのことを具体的に示しているのである。したがって、地方公共団体の存在を認めるにしても、それを国の下部機関とすることは違憲となり、そこまで徹底しなくても、地方的事務と考えられるものを国の事務とし、あるいは地方公共団体の事務としながらも国の監督権を強化して地方公共団体の自主的決定権をなくすことは、違憲の疑いがある（ただ、何が地方的事務かの判定はしばしば困難である）。

地方公共団体

地方公共団体とは何かについても、憲法は明らかにしていない。一般的にいえば、国の一部の地域を基礎とし、その地域に関する事務を行う目的をもち、そのために一定の範囲で財産管理をし、住民に対する支配権をもつ団体を地方公共団体と呼び、地方自治法は、普通地方公共団体として都道府県および市町村、特別地方公共団体として特別区、地方公共団体の組合、財産区および地方開発事業団をあげている（一条の三）。しかし、憲法によって地方自治を保障されているのが、そこでのすべての地方公共団体であると解することはできない。そのうち基本的・標準的なもののみが憲法のいう地方公共団体である。その区別の基準となるのは、一方では、本節のはじめに提起した問題のなかで引用した最高裁判所の判例もいうように、その実態からいって住民の共同生活の単位となり、その地方公共団体に属する住民であるという意識が成熟しており、しかも沿革的にも一定の自主的権能が与えられてきたものであることである。そして他方では、憲法九三条・九四条から逆に推定してそこで認められるような保障を与えるに足りるだけの地方公共団体の中心たる地位を占めることが、基本的地方公共団体の要件といえる。このような要件をみたすものは、都道府県と市町村であると考えられる。市町村は、歴史的にも、社会的実態としても、わが国の地方公共団体の基本となったものである（地方自治法二条三項もそのような趣旨を規定している）。これに反して都道府県は、かつては不完全自治体であり、現在も第二次的な自治体と考えられている。しかし、すでに完全自治体となり、第二次的とはいえ、住民の共同体意識も高まっており、生活の単位としても機能しているとみてよく、地方自治を担当するものとしての実態をそなえている。日本国憲法が地方自治を強化しようとする趣旨からいってもそのように解してよい。したがって、市町村はもとより、法律をもって憲法上の地方公共団体としての地位を都道府県から奪うことは許されないと解される（もっとも、地方行政の広域化に対応して、都道府県を統併合した「道州制」を設けても、そこに地方公共団体としての諸権能が維持されている限り、違憲とはいえないであろう）。

これに反して、東京都の特別区などは、沿革からみても実態からみても、基本的な地方公共団体といえず、憲法上地方自治を制度的に保障されていると解しえない。したがって、それを廃止しても違憲でないし、また長の公選を認めなくても九三条二項に違反するとはいえない。もとより、それは憲法上の要求として論じたときのことであり、立法政策として、それらに広い自主的権能を与え、地方自治の原則を拡大することは望ましいことが少なくないことはいうまでもない。九二条の趣旨からいって、これらの地方公共団体にも自治を及ぼすのが望ましいからである。その意味で、特別区の長の公選制を復活させた一九七四年の地方自治法の改正は適切であったといえよう。

地方公共団体の機関と権能　地方公共団体の機関や権能については、法律によって定められるが、それがまず地方自治の本旨にもとづいたものでなければならないほか、さらに憲法は具体的につぎのような制度を採用しなければならないとしている。

(1)　住民自治　憲法は、地方公共団体には、議事機関（もちろん議決も行う）としての議会をおき、その議員と、地方公共団体を統轄し、それを代表する最高の執行機関としての長（都道府県にあっては知事、市町村にあっては市町村長）とは、住民の直接選挙によって選任する（九三条）こととして、機関の民主化を実現している。長の直接公選制は、明治憲法のもとでの制度を変革したもので大きな特徴である。そして、この点は、国の場合に内閣と国会の関係において議院内閣制をとりながら、地方公共団体において首長制ないし大統領制を採用しているものとして注目される。その理由は明らかでないが、国の場合には、議院内閣制の経験がつまれていたことと、大統領制をとると天皇制との関連が難しくなることとについて考慮が払われ、他方で、公選の長と議会とが対等の地位に立ち、力の均衡がはかられることが地方政治にとって望ましいとみられることによると思われる。ただし、長と議会の多数党とが政党を異にする場合に、地方政治が円滑を欠く事例もみられるようである。なお、憲法は、長以外にも、法律に定めるその他の吏員（地方公務員法にいう地方公務員が吏員である）も公選によることとしている。これは公選による吏員を法律をもって定めることができるという趣旨であるから、この種の吏員をまったく認めていなくてもさしつかえない。かつては教育委員会の委員、特別市の行政区の区長が公選の吏員であったが、すでに廃止され、現在は、東京都の特別区の長を別として公選の吏員は存在しない。

(2) **団体自治**　地方公共団体には、その財産を管理し、事務を処理し、行政を執行する自治行政権と、法律の範囲内で条例を制定する自主立法権が与えられる（九四条）。これらは、地方自治の本旨の実現のために、団体自治が必要であることを示している。財産の管理とは、一切の財産の取得、維持、保存、運用および処分を意味する。事務の処理は、行政の執行との区別が明確でないが、権力の行使の性質をもつものが行政の執行であると考えられるから、それ以外の行政的事務の処理を意味しよう。これらはいずれも抽象的であり、具体的には法律で明確にされる。地方自治法は、前述のように、国と地方公共団体との役割分担の原則を定めたうえで、「普通地方公共団体は、地域における事務及びその他の事務で法律又はこれに基づく政令により処理することとされるものを処理する」（二条二項）と、憲法九四条に対応した規定をおいている。事務の性質上国が一元的に処理すべきもの（たとえば国の防衛・司法）は国が行うべきであるが、それ以外の事務は地方公共団体にできるだけ処理せしめ、国は必要な限度で関与するにとどめるのが憲法の趣旨であろう。自主立法権は、地方自治法にいう条例に限られず、その他の形式の自主法を制定する権限を含む。これらの法形式についてはのちにのべることにする。地方公共団体は、このように、立法と行政について自主的権能をもっているが、司法権はもたない。司法権はその性質上国に専属するものと解されるからである。そこで、条例の罰則違反に関する事件は国の裁判所が管轄すると定めていた地方自治法の規定（旧一四条六項）は、当然のことを規定するものであるので、一九九九年の改正で削除された。

なお憲法は、地方自治の章に、一の地方公共団体にのみ適用される特別法に住民投票を要求している。これも地方公共団体の自主性を尊重した規定であるが、これについてはのちにのべることにする。

第6章　平和国家

◉問題の提起

憲法九条は戦争を放棄し、戦力の不保持を定めているが、これについての政府の解釈は、制定以来微妙な変遷をしている。制定直後においては、すべての戦争は自衛の名のもとに行われたのであり、したがって自衛戦争といえども禁止されると解されていた（それは、本条の基礎となったマッカーサー元帥のノートの第二原則にある「日本は、国家の紛争解決の手段としての戦争、および自己の安全を保持するための手段としてのそれをも、放棄する」という趣旨をそのまま生かしたといえる）。しかし、やがて、主権国家である以上は自衛権をもつことは当然であり、したがって自衛力はもてるが、戦力を保持することができない、という解釈へと推移した。そして、その際、戦力とは、社会通念からみて近代戦を有効適切に遂行しうる能力であると解され、それに至らないものの保持は憲法が禁止していないとされた。「戦力なき軍隊」という表現は、この解釈の当時生まれたものである。さらにのちになると、自衛のための戦力をもつことはさしつかえないという解釈が有力となった。

このような解釈のもとで自衛隊が年々強化されてきたことは、よく知られるところである。そして、実際上は、憲法の制約は、核武装と海外派兵とを抑制しているにすぎないともいわれ、この二つについてさえも、核兵器も純粋に防禦的なものであれば憲法九条は禁止しておらず、わが国の批准した核兵器不拡散条約にもとづいて保有できないのであると解釈され、武力行使を目的とする海外派兵ができないのも、憲法上の理由でなく、法律である自衛隊法の規定によるのであるという主張もある。さらに、いわゆる一九九二年のPKO協力法では、国連の平和維持活動への協力のために自衛隊の海外派遣も認められているし、日米安保体制のもとで日本周辺の有事の際における自衛隊の協力の指針に定められている。以上のような解釈・運用の変化の背後に、国連を中心とする国際情勢の変動、国際政治における日本の地位の向上、そこからくる事実としての日本の防衛戦力の拡充などの事情があることは否定できない。このようないろいろな解釈をどう考えればよいであろうか。

平和主義の原理

日本国憲法は、戦争の放棄を明文で規定し、平和主義をその最も重要な原則としてかかげた。これは、諸国の憲法に例のない明確な形での永久平和の宣言であり、単に明治憲法に比較して特色があるばかりでなく、世界の憲法史からみても注目に値するものである。日本国憲法が敗戦という代価を払って得られたものであり、それだけ戦争への憎しみが強いのは当然ともいえるが、九条のように、戦争に至らない武力の行使や武力による威嚇をも放棄し、さらに戦力の不保持までも定めた徹底した平和主義憲法をもつことは、将来の世界各国の憲法のうちに当然に含まれるべき規範の先駆的役割を果たすものといえ、世界平和の確立に関心をもつ者に広く示唆を与えている。

この平和国家の理念を明らかにしているのは、前文の諸条項である。そこでは、まず第一段で、日本国民は「われらとわれらの子孫のために、諸国民との協和による成果と、わが国全土にわたって自由のもたらす恵沢を確保し、政府の行為によって再び戦争の惨禍が起ることのないやうにすることを決意し」たことが宣言され、平和主義の確立が憲法制定の重大な動機であるとしている。そして、注目すべきことは、それが国民主権の採用の根拠ともされている点である。したがって、日本国憲法において、平和主義は国民主権と不可分に結びついているのであり、平和国家にしてはじめて主権者たる国民の地位が確保されるという信念が表明されている。そして、前文第二段では、「日本国民は、恒久の平和を念願し、人間相互の関係を支配する崇高な理想を深く自覚するのであって、平和を愛する諸国民の公正と信義に信頼して、われらの安全と生存を保持しようと決意した。……」とのべ、理想主義の立場に立ちつつ、日本国の国際社会におけるあり方の基本的態度を確認して、平和国家のたてまえを強調している。それはまた、全世界の国民が恐怖と欠乏から解放され、平和のうちに生存する権利をもつことと結びつくのである。最後に、第三段において、「いづれの国家も、自国のことのみに専念して他国を無視してはならない」という普遍的な政治道徳の法則を宣明して、世界に対して平和主義の重要性を訴えている。このように、前文は、この憲法のとる平和国家の理念をくりかえして強調しており、それが憲法の基本原則であることを明らかにしている。

裁判所はこの前文を具体的な事件において適用し、法令などの違憲を判断できるという考え方がある。いわゆる長沼ナイキ基地事件の第一審判決（札幌地判昭四八・九・七）は、基地のための保安林指定解除の処分が前文にいう「平和的生存権」を侵害する違憲のものとした（控訴審では、このような前文のうちに定める平和的生存権は裁判規範としての具体性をもつものではないとして、反対の立場をとっている（札幌高判昭五一・八・五）。百里基地訴訟での最高裁も同様である（最判平元・六・二〇））。前文は、憲法のたてまえの宣言であり、憲法を解釈する場合の指針となる機能をもつとはいっても、それ自身は裁判規範となる効力をもたないし、国の政治の理念の荘重な表明ではあっても、規範的意味で国政を拘束するものでもない。したがって、前文を根拠に日本国憲法の基本原理としての平和主義をあげることはできるが、具体的に憲法が平和主義として何を意味しているかは、前文から直ちにひきだすことはできず、それは本文である九条によるほかはないと解される。

九条の法的性格

この九条については、その解釈が著しく分かれているが、その解釈に先立って本条の法的性格を明らかにしておく必要がある。世界の憲法に類のない規定であるだけに、その性格をどう把握するかは必ずしも容易ではない。まず、九条は、前文と共通の基盤に立って平和国家の理想の宣言であるという面をもっている。そのかぎりにおいて、法的意味は稀薄であるが、戦争の惨禍のきびしい反省のうえに立って世界の将来のあるべき姿を指示した意義は大きく、また、軍備の縮小は国際政治の方向としては現実的なものとなりつつある現在、それを単に理想にすぎないということはできない。

しかし、九条を前文と同じ意味のみに限局することは正しくない。それは憲法の正文として規範的意味をもっている。問題はこの規範的意味の内容である。有力な立場は、本条が裁判規範としての効力をもち、裁判所は本条を根拠に法令が違憲かどうかを判断できると解している。しかし、本条は、国の安全保障という高度の政治性をもつことがらに関するものであり、終局的には主権者である国民の政治的意思によって決定されるべきであるところからみて、国民に直接の責任を負わない裁判所の判断によることは、適当とはいえないであろう。判例の多くは、国の防衛に関することは、一見きわめて明白に違憲無効と認められないかぎり、裁判所の審査になじまないとしている（最大判昭三四・一二・一六、札幌高判昭五一・八・五、水戸地判昭五二・二・一七）。これらはきわめて例外的に九条も裁判規範となることを認めるものではあるが、実際においては、裁判所の判断を排除したものといってよい。したがって、本条は、裁判規範としての性質をもつ規定ではなく、その規範としての拘束力も、政治的な面におけるものであると解すべきであり、法令が本条に違反するということも、国会その他の政治的な場において主張されうるのであって、国民は、その法令の効力を争うためには、裁判所における訴訟ではなくて選挙における投票に訴えることになる。以下に、この意味での政治的規範として九条がどう解釈されるかをみてみよう。なお憲法の解釈・運用の全体についていえることであるが、とくにこのような政治的規範については、文理の分析に過度にとらわれない目的論的解釈と、立法者の意思を参照しつつもそれに拘束されない合理的解釈の必要が大きいことも、指摘しておいてよい。

戦争放棄と自衛権

九条一項は、国際平和を希求して、国際紛争を解決する手段としては、国権の発動たる戦争、武力による威嚇、武力の行使を否認している。ここから明らかなことは、放棄されているのが、国際法上の戦争に限られず、戦争に至らない実質上の戦争行為、さらに、武力の行使をほのめかして相手国を威嚇する行為のすべてに及び、きわめて広い範囲にわたっていること、そして、およそ他国を侵略するためのこれらの行為が禁止されていることである。しかし、他の点については解釈は一致していない。まず、本項が自衛権をも放棄しているかどうかが問題になる。自衛権とは、他国による急迫・不正の侵害に対して、それに対抗するために真にやむをえない防衛手段をとる権利であり、国際法上、国家の基本権の一つとされるものである。もとより基本権といえども放棄できなくはないが、本項がそこまで徹底した無抵抗主義をとり、急迫・不正の侵害に対して国としてなんらの対抗手段をとらないことを定めたと解する根拠はないと思われる。

自衛戦争

これよりも重要な問題は、自衛権があるとしても、それを発動する手段について九条は制限を加えており、その結果として自衛のための戦争をも放棄したのではないかという点である。大別して三つの考え方がある。第一説は、九条一項はあらゆる戦争、武力の行使を禁止したもので、自衛戦争も許されないとする。この立場の多くは、二項後段の交戦権の放棄は、全面的な戦争放棄の趣旨を重複をいとわずに再言したものと解している。第二説は、一項が、国際紛争解決の手段として戦争を放棄していることに着目し、それは不戦条約（一九二八年）の同じ用語についての解釈と同じように侵略のための戦争や武力の行使を否認したにとどまると解するが、二項後段によって一切の戦争が否認され、その結果、自衛戦争も自衛のための武力の行使も許されないと考える（したがってこの立場によれば、二項が重要な規定となる）。第三説は、一項について第二説と同様に解しつつ、二項後段の交戦権とは、国際法上交戦国として認められる諸権利（船舶の臨検・拿捕の権利、占領地行政の権利など）を総称するもので、憲法はそれらの権利を自ら主張しないものと定めたと解するのであり、したがって自衛戦争は放棄されていないことになる。

敗戦直後のきびしい反省にもとづいて本条を制定した立法者の意思および前文にある永久平和の原則に最もかなうのは、第一説である。しかし、それは、国際紛争解決の手段としての戦争とは侵略戦争を意味するという通常の用法に反するし、なによりも現在の国際政治の状況からみて、急迫・不正の侵害に対して国としてなんらの防衛手段をとりえないという解釈は妥当ではない。第二説も結果においてこれと同様な解釈になるし、また一項と二項後段を分けることは、観念的・技巧的にすぎた議論であるといわれる（二項は改正可能であるが、一項は改正の限界を超えるとすることにより、区別の実益はあるが）。第三説は、交戦権の解釈に無理があり、説得力に乏しい。

九条による戦争の放棄の意味は、むしろその文章を素直に読むことによって把握できると思われる。すなわち、一項は、平和主義に立脚して、国際紛争解決の手段として、いいかえれば侵略のために、戦争、武力による威嚇、武力の行使の一切を否認しているが、自衛権を放棄したものでなく、急迫・不正の侵害に対してやむをえない対抗手段をとることまでも否定してはいない。しかし二項後段によって、自衛のためであっても「戦争をする権利」は否認されているから、対抗措置として許されるのは、戦争に至らない武力の行使にとどまる。ここにも、自衛権の発動が、それに必要な最小限度のものでなければならないことが示唆されている。このように、戦争としては一切のものが否認されているから、憲法において宣戦その他の戦争に関する規定のないのは当然である。もとより、自衛のために武力の行使が憲法上許されるとした場合、自衛の範囲を超えて武力行使が行われたり、また実際上に戦争にひとしい行為が武力の行使として行われたりするおそれはある。しかし、自衛権の発動について国際法は限界を明らかにする方向にあるし(国連憲章五一条は「武力攻撃が発生した場合」としている)、国連総会が「侵略」を定義し、それを他国領土への兵力侵入、他国領土に対する砲爆撃、他国の船舶や航空機への攻撃、他国に対する海上封鎖など、具体的に示していることも注目してよい。また、国権の発動としての自衛力の発動の方式が憲法のわくを超えないことを保障するのは、九条の性質からみて国民の意思にほかならないことを忘れてはなるまい。

戦力の不保持

九条において最も問題となるのは、二項前段の「前項の目的を達するため、陸海空軍その他の戦力は、これを保持しない」という規定である。

(1) 戦力の意味

「戦力」といわれるものの具体的範囲は明確ではないが、外敵に対して実力的な戦闘行為を遂行するための力であると考えられる。これを広く解すると、飛行場や航空機、さらに航空産業や研究所も潜在的な戦力ともいえるが、これらは含まれない。陸海空軍のような軍隊と、それに準ずる実体をそなえ、軍隊に転化されるような組織的な力を意味しよう。そこで警察との区別が問題になる。しかし、警察は国内治安の維持を目的とし、その任務に相応する装備であるかぎり、保持を禁ぜられた戦力であるとはいえない。どの程度が警察の任務にふさわしい実力的組織であるかは、社会の具体的状況によってきめられる。他方で、軍隊である以上、戦力であることは明らかであり、これを、近代戦を有効に遂行しうる力に限るのは正当ではない。

(2) 戦力不保持の主体　戦力を保持しないのは、日本国である。日本国が指揮監督できる戦力の保持が禁止される。したがって、日本国の指揮監督権の及ばない外国軍隊の駐留、軍事基地の提供は、憲法の平和主義のたてまえから政策の問題になりうるとしても、ここで禁止される日本の戦力ではない。最高裁判所も砂川判決（最大判昭三四・一二・一六）においてそのように判示した。また、日本国民が個人として外国の軍隊に参加することを妨げない。もっとも、国が外国の軍隊のために義勇兵を募集したり、戦争参加のため個人に旅券を発給したりすることは、憲法の趣旨にもとるであろう。

(3) 自衛のための戦力　最も議論となるのは、たとえ戦力であっても、自衛のためには保持が許されるかどうかである。これは、自衛隊が違憲かどうかとして具体的に問題になる。有力な立場は、「前項の目的を達するため」とは、一切の戦争を放棄するという目的と解し、あるいは、国際平和を誠実に希求するということを動機としてかかげたにすぎないものと解し、二項前段によって、一切の軍備が廃止されたとする。これは立法者の意思にそった解釈といえる。それによれば自衛隊は当然に違憲となろう。さきにあげた長沼ナイキ基地事件の第一審判決はそのように解している。しかし、「前項の目的」とは、一項全体のめざす目的、すなわちすでにのべたように、世界平和を希求して侵略のための戦争や武力の行使を否認することであると解される。そして、二項前段は、このような目的の達成を理由として、戦力の不保持を定めたのである。普通の法的規範の解釈において、動機や理由はそれほど重視されないかもしれないが、本条のような政治的規範にあっては、それは内容にかかわりをもち、保持を許さない戦力を限定したものと考えられる。したがって、憲法上、自衛のための武力の行使に必要な最小限度の保持は禁止されていないと解すべきであろう。もとより、戦力そのものとして自衛のための戦力と侵略のための戦力とは区別しにくいが、国際的な政治や軍事の状況にてらしながら、その戦力の客観的な事実（たとえば、編成、装備、訓練方法など）をみることによって、それが自衛のための必要を超えているかどうかが判断される。この立場に立てば、自衛隊についても、それが戦力であるから違憲であるというのではなく、その具体的な実体によって、自衛のためという限度を超えているかどうかによって、その合憲か違憲かが判定されることになる。現在の自衛隊の実体は、自衛のための戦力を超えるところまで発展しているとみられなくもない面もある。しかし、その判定は、日本のおかれた国際的状況をどう評価するかにもかかわるのであり、国会、そして、終局的には政治的主権者である国民によって決定される。

なお、それに関して、日本が核兵器をもてるかどうかが問題とされる。核兵器の性質からみて、それはもはや自衛のためという範囲を超えるものとみてよい場合が多いであろう。自衛隊の海外派兵はどうか。自衛のためという限界からみて、それは原則として許されないとみるべきであろう。自衛隊法は、自衛隊の主たる任務を「直接侵略及び間接侵略に対し我が国を防衛すること」にあるとしており（三条一項）、海外派兵を考えていないが、それは憲法の趣旨を生かしたものといえる。

以上のように、憲法は、日本国が保持できる戦力に政治的規範として枠をおき、国民のコントロールによって規範の効力を維持するものとしている。その判断にあたって注意すべき最後の点は、現在の国際社会において、一国の安全保障は、その国自らの自衛力のみによって確保されるのでなく、国際的な協力体制によって実現されることである。国際連合憲章五一条に定める「集団的自衛権」にもとづく武力の行使は自衛のためという限界を超えるが、日本国憲法は、理想的には、世界のすべての国の協和による安全保障を考えつつも、それに至らない集団的安全保障をも、自衛の一方式として予定しているといってもよい。日米安全保障条約は、政策としての是非は別として、憲法上許されるものである。そして、日本の保持しうる自衛のための戦力の範囲を考えるときにも、このような国際的協力による安全保障を考慮にいれる必要があると思われる。

国際協調と平和主義

日本国憲法は、世界に類例のない徹底した平和主義を正文のうちにおいており、冷戦終結後の国際状勢は、この原理のめざす方向にすすんでいるといえるが、それにもかかわらず地域的な紛争が続発し、これを抑止して秩序を回復し維持するために国連などの国際的組織の活動が求められる事例が少なくない。この活動を行うには、必要な限度で武力の発動もありうる。平和主義とともに国際協調主義を憲法の基本としている憲法のもとで、平和維持の目的での国際協力に背を向けることは適切でなく、国力の充実した国として積極的な態度をとるべきであろう。しかし、この場合に、武力の行使以外の手段による協力をおしむべきではないとしても、武力、とくに自衛のための組織である自衛隊が部隊として参加を求められるとき、九条にかかわる問題を生ずることになる。

この問題は、九条制定のときに予想されていなかったものといえよう。すでにみたような九条の解釈からみて、国連のような国際的組織に協力するという国際貢献の目的であっても、自衛のための戦力である自衛隊が国際紛争処理のために武力を行使することは、自衛の範囲を超える活動であるから、武力の行使が予測される状況のもとで海外に自衛隊を派遣して、秩序を維持し、平和を実現する活動に参加することは、憲法の認めるところではないというほかはないであろう。政治的規範の性格を有する条文について柔軟な解釈が許されるが、武力による介入を前提とせずに、きびしく限定された範囲でいわゆるPKO活動に参加することはともかくとして、これを超える活動までも合憲とする解釈は、憲法の規範性を没却するおそれが大きい。したがって、国際協調の目的で、武力の行使の可能性が予想されるような国際的平和維持活動に自衛隊が参加することも必要であると国民が承認するときがくれば、憲法の平和主義の原理に背反しないような基準を示して（たとえば国際的意思の合致によって設けられた国連軍への協力に限定するなど）、それを許容することを定める憲法改正を考えねばならないことになろう。

第7章　基本的人権の保障

1　人権尊重の原理

◉問題の提起

　憲法改正に賛成する意見としてつぎのような主張がみられる。憲法第三章は、国民の権利と自由の保障を偏重し、義務と責任とを軽視しているものであり、その意味で一八・一九世紀的な自由国家、個人主義の原理に立つものである。したがって、社会国家、福祉国家の原理に立つべき現代憲法の要請にこたえていない。そこで、二一世紀をめざして新しい人権を加えるとともに、「公共の福祉」という不明確な観念で人権の限界を定めるのではなく、一般的、個別的さらに具体的な規定をおいて人権が制約をうけることを明らかにするとともに、他方で国民の義務や社会的責任に関する規定を加えるべきである。このような主張に対して、反対の見解は、国民の権利と自由を強調することは、人権宣言の性質からみて当然であるし、国民の義務や責任を強化したり、人権に対する制約を明文で定めることは、人権宣言の性質からみて望ましくないし、新しい人権については、判例や法律の制定による権利の成熟をまつのがよい、と主張する。この二つの対立する考え方は、憲法第三章をどのように考えるかという立場の相違にもとづいている。このような問題点を念頭におきながら、まず、人権保障の基礎となる諸問題を眺めてゆくことにしよう。

人権の歴史

第一章でのべたように、近代憲法は、その本質的部分として、人間または国民の権利を保障し、国家権力の行使を制限している。これらの一群の規定を、人権宣言または権利章典 (bill of rights) と呼ぶ。

(1) 人権の思想

近代憲法における人権は、すべての人間が生まれながらにして固有の、奪うことのできない権利をもつという考え方に立っている。この思想を形成するのに大きな役割をになったのは、ヒューマニズムにもとづく個人の尊厳の思想と、近世自然法の思想である。とくに、ジョン・ロック (John Locke) の、人間は自然の状態において生来の自由をもっていたのであるが、それらの自由を確実に保障するために契約によって国家や政府を作ったという考え方は、人権は国家に先立って存在するものであり、逆に国家は人権をまもることに奉仕すべきものであるという主張を基礎づけ、近代革命を推進する基盤となったのである。このような思想的背景のもとに、ヴァジニアその他のアメリカ諸邦の人権宣言が生まれ、さらに、世界に影響を与えたフランス人権宣言が生みだされた。

(2) 人権の拡大過程

これらの人権宣言は、個人主義、自由主義のうえに立ち、国家権力からの自由を中心におくものであった。もとより、人権の思想も歴史的・社会的条件によって影響をうけるから、国家に先立つ自由権の観念をとりいれたところもあり、また強力な国家権力の支配を脱却できず、立憲主義の弱いところでは、上から与えられた自由にとどまる場合もあった。しかし、一八・一九世紀の憲法は、人権をなんらかの程度で保障する点で共通性をもっていたし、また、それらの自由権も、人身の自由、表現の自由、財産権の不可侵などほぼ同様の内容をもっていた。そして、市民層の勢力の伸張とともに、参政権もやがて国民の権利として保障をうけるようになった。

一九世紀は自由放任を基礎とする資本制社会の発展期であった。そこで、憲法の保障する自由権のうちでも、財産の私的所有の自由と契約の自由が、資本主義経済を伸張させる支柱として最も重視されたのである。ところが、資本主義が高度化してくると、自由競争は貧困と失業を生みだす原因となり、人権保障も新しい転回を要求されることになる。第一次世界大戦を契機として、諸国の憲法に、いわゆる社会国家の理念にもとづき、新しい形態の人権がとりいれられてくる。社会保障をうける権利、労働者の権利などの社会権、いわゆる国家への自由がそれであり、反面において、財産の私的所有や契約の自由は、むしろその人権としての高い地位をゆずるに至るのである。二〇世紀の西欧自由国家の憲法は、多かれ少なかれ、自由権に加えて社会権をも保障し、資本主義体制の修正に即応しているのである。

全体として、これまでの人権保障の歴史をふりかえってみると、いくつかの注目すべき点がある。

(ア)時代とともに、憲法の保障する人権は量的に拡大してきた。社会の構造が複雑になるにしたがい、人権として保護される利益は増加してきた。また、憲法の明文で保護されていなくとも、現代社会の状況に応じて、のちにみるように新しい人権が憲法の解釈運用を通じて登場している。(イ)伝統的には人権が国家権力の侵害からの保護という面においてとらえられていたのが、そのような面に加えて、人権と人権との衝突をどう調整するかという問題を多く生みだしてきたといえる。また、国家権力ではなく、私人による人権侵害に憲法がどのように対処するかが問題になってくることは、第一章で指摘したとおりである。(ウ)当初は、人権は憲法で宣言されてもそれを具体的に保障する手段が十分ではなかったが、漸次、人権を実際に実現しようとする傾向が強くなってきた。その方法には差異があるが、できるだけ人権を抽象的な宣言でなく、法的救済にうらづけられたものにし、人権を質的に強化する努力が重ねられてきている(とくに、裁判による人権保障が重視されてきている)。(エ)人権保障を単に国内法によって確保するにとどまらず、国際的な場でもそれを実現しようとする試みが目立つ。国際間の交流や連帯関係の増進は、このような人権保障の国際化を要求するものといってよい。国連憲章もその趣旨の規定をもち(五五条・五六条)、また、法的拘束力をもたないとはいえ、世界人権宣言(一九四八年)が、人類多年の努力の成果である人権を詳しく掲げている。さらに法的効力をもつ国際人権規約が一九六六年に国連総会で採択され、一九七六年に発効している(これは、社会権を定めるA規約、自由権を定めるB規約、救済方法を定める選択議定書から成るが、わが国は、一九七九年AB両規約を批准した)。そして、地域的には、たとえばヨーロッパにみるように、人権条約の実効性を確保するために、主権国家の枠を超えた人権委員会、人権裁判所が設置されていることは、注目に値しよう。(オ)このような人権保障の国際化とともに、人権は普遍的価値をもつとして開発途上国にもその保障が求められ、それが成果をあげつつあるが、他方で、自由権を中心とする人権の尊重は先進自由国家に適合するとしても、国内秩序の構築や経済の発展による国民生活の安定を急務とする途上国におしつけることは、主権国家への内政干渉にあたるとして摩擦を生ずることもある。

(3) 明治憲法の人権保障との差異　日本では、明治憲法は、「抑憲法を創設するの精神は、第一君権を制限し、第二臣民の権利を保護するにあり」（ときの枢密院議長伊藤博文のことば）という趣旨から、近代憲法として人権宣言の必要を認め、第二章「臣民権利義務」をおいた。日本国憲法第三章「国民の権利及び義務」も、同様に人権宣言にあたる部分である。この両者の間には、人権の憲法的保障の発展の傾向に即した差異がある。明治憲法が、人権は憲法により上から与えられたという立場に立つのに反し、日本国憲法は、それが永久不可侵のものとして、人間という資格において神から与えられたという思想に立脚していること、保障される人権の範囲が、日本国憲法はきわめて広く、過去においてなお自由国家的な人権が根をおろしていない経験にもとづいて、詳しく豊富にそれを保障するほか、現代憲法にふさわしい社会権をも含んでいること、質的にみても、明治憲法が立法権による侵害に対してきわめて不十分な保障を与えるにすぎなかったのに反し、日本国憲法は、いわゆる「法律の留保」を原則として認めず、人権を法律をもってても侵しえないものとするとともに、裁判所に違憲審査権を与えて、その保障を実効的ならしめたことなどは、その顕著なあらわれである。このようにして、日本国憲法による人権保障は、近代的自由国家の理念に立ちつつ現代憲法にふさわしい内容をもつものとなったのである。

人権の一般原則　日本国憲法は、個々の人権の規定のほかに、それを通ずる一般原則を定めている。これらは、いずれも法的性質が必ずしも明確でないものであるが、人権の本質を明らかにし、あるいは国家の指導原理を示している点で意味がある。

(1) 基本的人権の享有　一一条は、国民がすべての基本的人権を享有すること、この基本的人権は永久不可侵の権利として現在および将来の国民に与えられることを定めている。ここには、人権がすべて人間の生まれながらの権利として国民に与えられたものであり、法律をもっても奪うことのできないものであるという本質が明らかにされている。さらに、九七条は、これらの基本的人権が「人類の多年にわたる自由獲得の努力の成果」であり、「過去幾多の試錬に堪へ」たものであるという由来を説くとともに、その永久不可侵性と神から信託された性質をくりかえしのべている。同条が、最高法規の章におかれていることは、基本的人権の保障が、この憲法において核心といってもよい部分であることを示しているものと考えられる。

(2) 人権に伴う責任　一二条は、この憲法が国民に保障する自由および権利（これは「基本的人権」といわれるものより広いと考えられる。たとえば、一七条の国や地方公共団体への賠償請求権や、四〇条の刑事補償請求権は、憲法の保障する権利であるが、永久不可侵の基本的人権とはいえないであろう）について、まず権利であるからといって漫然とその上に眠っているのではなく、不断の努力によって保持しなければならないこと、ついで、それを濫用してはならないこと、さらに、すすんで公共の福祉のために利用する責任のあることを定めている。現代法のもとにおいて、権利はその反面において義務と責任を伴うものであり、憲法の保障する権利について、その保障が強度であればあるほどその責任は高度であり、本条は当然の道理をのべたものである。そして、その意味は、これらの権利や自由を享有する者の倫理的な責任を注意的に規定したものと解すべきであり（したがって、たとえば、表現の自由を行使するマス・メディアが、自主的に倫理規範を作ってその自由を規制することは、本条の趣旨にかなう）、これを根拠にその義務と責任を法的に強制し、人権を制約することができると解すべきではない。

(3) 個人の尊重　一三条は、すべての国民が個人として尊重されると定め、個人の尊厳という近代社会の原理を確認するとともに、つづいて、「生命、自由及び幸福追求」の権利が、公共の福祉に反しない限り、国政上最大の尊重を必要とするとして、個人主義が国政の基本原則であることを宣明している。本条は、素直に読むならば、民主主義の本質としての個人の尊厳を明らかにし、国政もその上に立って行われるべきであるという、近代国家としてのあり方を表明したものであり、公共の福祉に反しない限りという限定句も、無制限に人権を尊重するものではなく、そこに限界があるという当然のことをいいあらわしたにすぎないと考えられる（なお、一三条が包括的な人権保障の規定として、新しい人権を生む根拠となりうることについてはのちにのべよう）。

公共の福祉　しかるに、有力な立場は、一三条の文言（一二条の「公共の福祉」のために人権を利用する責任をあわせて引用することもある）を根拠にして、第三章にかかげる権利や自由を一般的に

「公共の福祉」を理由に制限しうると解する。最高裁判所も、たとえば「一切の表現の自由は、公共の福祉に反し得ないものであること憲法一二条、一三条の規定上明白である」（最大決昭二六・四・四）といって、一般的に公共の福祉によって人権の制約ができると判示して、それはほぼ確定した判例法になっている。

しかし、この解釈によれば、一般に法令はなんらかの意味で公共の福祉のために制定され、また公共の福祉を目的とする要素を含むのであるから、憲法が「法律の留保」を認めずに人権を保障した意義が失われることになる。そして、政策上の便宜が公共の福祉の名のもとに人権を制約することになるおそれは大きく、人権は私益であり、全体の利益はそれにつねに優先するという思考方式に結びつく可能性が強く、それは、個人の尊重を中心とする憲法の趣旨に背馳しよう。したがって、一二条・一三条をこのように解し、それらの条項を根拠にして、公共の福祉を理由に人権を一般に制限できると解することは適当でない（二二条・二九条のようにあらためて個別的な権利について公共の福祉による制約が定められているときは別である）。

もとより、そのように解するとしても、人権もまた社会に存在する以上、絶対無制約のものでありえない。歴史的な社会のうちに生成してきた人権は、当然にその前提としての制約を内在せしめているのであり、その限度で法律がこれに制限を加えることを憲法は禁止するものではないのは、一二条や一三条をまつまでもなく当然の事理である。このような制約を人権の内在的制約というか、公共の福祉による制約というかは用語の問題にすぎないともいえよう。しかし、ここで重要なことは、「公共の福祉」といっても、それは人権と対立する全体的利益ではなく、個人主義の理念と両立しうるものであることとである。結局それは、現代社会の要請にもとづきながら、個人の人権の間に存する矛盾や衝突を調整し、全体として各人に平等で、豊かな人権を享受させる原理であるといえよう。現代の人権がますます拡大して多彩になってゆくことは国家の調整的役割を要求することになり、この意味での公共の福祉による制約を加える必要は、人権の種類によってはきわめて増大していると考えられる。

このように、個人の尊重に立脚して公共の福祉を解しても、なおそれは多義的な内容を含み、あいまいな観念であることは免れない。したがって、実際上は、それぞれの具体的な制約が憲法に反するかどうかは、一方で、制約をうける権利や自由が現代社会においてどのような価値をもつかを評定し、他方で、制約の目的やその手段からみて、それによってどのような社会的利益が実現されるかを測定し、この両者を較量して決定するほかはないであろう。そして憲法学としては、それぞれの人権について、この較量を行う場合の基準となるものを追求する必要があろう。のちにそれらについてふれることにしよう。そして、違憲審査制が認められる場合、具体的には裁判所の判例が累積することによって、その基準が明確化することが期待される。ただ、公共の福祉を理由に一般的に人権が制約できるという態度のもとにあっては、その期待はみたされないであろう。複雑な社会的利益の較量のうえに立つ判例法の発展が望まれるのである。最高裁判所は、なお「公共の福祉」によって人権が一般的に制約できるという考え方を保持してはいるが（破防法の定めるせん動罪について、最判平二・九・二八参照)、その制約の合憲性の判断にあたっては対立する利益を較量する態度をとり、とくに全逓東京中郵事件の判決(最大判昭四一・一〇・二六)以降は、以下にあげる多くの判決の示すようにその較量のための基準を追求する努力を示している。判例によって定立された個々の基準の妥当性には問題が残るとしても、この利益較量の考え方は望ましいものであり、学説もまた適切な基準を考究すべきであろう。

人権を享有する主体

誰のための人権保障であるかについてはつぎのような問題がある。

(1) 外国人 第三章は「国民の権利及び義務」と題され、一一条は、国民が基本的人権を享有すると定めているから、日本国憲法が日本国民の人権を保障しようとしていることは明らかである。しかし国際交流が活発になるにしたがい、日本の国家権力のもとに外国人が服する場合は少なくない。本来、多くの人権が、国民としてではなく人間として与えられているという本質からみても、また国際協調主義から考えても、外国人が憲法の人権保障を享有しえないとするのは適当ではない。第三章の各条は、「何人も……」という表現と、「すべて国民は……」という表現とを使いわけており、前者はほぼ人間として固有の権利にあたり、外国人にも及ぼされるものと推定できる。もっとも、それは必ずしも厳密でない(たとえば二二条二項の保障するのは、日本の国籍からの離脱の自由であって日本国民のみの権利であろう。なお在日外国人は再入国の自由がないから憲法上一時的海外旅行の自由を保障されていないとされる〔最判平四・一一・一六〕)から、それぞれの権利の性質が国民としての資格において与えられると考えてよいもの(参政権や社会権はその例である。しかし、定住外国人に地方公共団体における選挙権を与えることは憲法の禁止するものではなく（最判平七・二・二八）、また社会保障について外国人に権利を与える法的措置も違憲ではない）かどうかによって判定されるべきである（判例もそのように解している（最大判昭五三・一〇・四））。なお、外国人が人権を享有する場合でも、国民と異なる制限をつけること（外国人の間で法的地位を区別することを含む）は、合理的であるかぎり許される（一四条は国籍による差別の禁止をとくにあげていない。たとえば外国人も居住・移転の自由をもつが、法律により外国人登録を要求される。この登録において指紋押なつを強制されることが人権侵害と批判され（最高裁は合憲とする。最判平七・一二・一五）、一九九二年永住者などについて撤廃された）が、できるだけ平等に扱うのが憲法の趣旨にかなう。

(2) 天皇と皇族　天皇は、象徴としての特殊の身分をもち、それが世襲されるものであるから、一般国民とは異なる扱いをうける。したがって一般的に第三章の国民に入らないと解される。しかし、天皇も人間として権利をもつことは当然であり、本章の規定も可能なかぎり適用されるであろう（天皇も本章の人権を享有できるが、かなりの程度に異なる扱いが許されると解しても実際上差異はないであろう）。皇族は、一般国民に含まれるが、皇位継承に関係する限度でのみ、他の国民と区別が認められる。

(3) 法人　第三章の規定が、主として自然人に適用されることは、人権の性質上当然である。しかし財産関係の権利についてはもとより、他の権利についても、法人の享有能力が問題になりうる。権利の性質上可能であるかぎり、人権の保障は法人にも適用されると解してよいであろう。また、法人格のない団体も、法律上「人」ではないが、人権享有能力をもつと考えてよい。ただ、法人や団体の人権は個人の自由と対立することがあり、その保障の程度は一般的に低いといえる。法人や団体に適用される人権の範囲や程度は、それらの目的や性格に応じて個別的に決定されることとなろう。判例では、いわゆる八幡製鉄政治献金事件において、最高裁判所は、「憲法第三章に定める国民の権利および義務の各条項は、性質上可能なかぎり、内国の法人にも適用されるものと解すべきである」としつつ、選挙権などの参政権は自然人たる国民にのみ認められるとしても、会社も「国や政党の特定の政策を支持、推進しまたは反対するなどの政治的行為をなす自由を有する」と判示している（最大判昭四五・六・二四）。他方で、会員が実質上脱退の自由をもたない強制加入の団体である税理士会が政党に寄付をすることは、その目的の範囲を超えるとされている（最判平八・三・一九）。

(4) **特殊の法律関係**　国民のなかには、自由意思により（たとえば公務員）、または自由意思によらない強制力により（たとえば受刑者）、国家との間で特殊の法律関係に入る場合がある。これをかつては特別権力関係と呼び、国家に包括的な特別の権力が与えられ、法律の根拠なくして基本権を制限することができ、また権利侵害に対して裁判所の救済をうけられないと解する理論が有力であった。日本国憲法のもとでは、このような包括的な理論で一律に判断する考え方は妥当しないという立場が強くなり、最高裁判所も、この理論を用いることを避けている。しかし、この特別権力関係の理論が適当でないとしても、このような関係にある者は、その特殊性に応じて一般国民と異なる取扱をうけることになり、人権の保障についても、普通の場合よりも多くの制限をうけることは認めねばならない。公務員が、その職務上の必要にもとづく合理的理由により、その居住する地域について制限があっても、居住・移転の自由を侵す違憲のものではない。ただ、この制限は、特殊の法律関係と必然的に結びつき、しかもその法律関係を維持するために合理的と考えられる範囲を超えるものであってはならない。最高裁判所は、公務員の政治的中立を維持し、行政の中立的運営とそれに対する国民の信頼を確保する利益からみて、公務員の政治活動を禁止することは合憲であるとしている（最大判昭四九・一一・六）が、機械的労務のみを提供する現業公務員が、勤務時間外に国の施設を利用せずに行う政治活動に刑事罰を加えるかぎりでその禁止が違憲となるという第一審の判決（旭川地判昭四三・三・二五）が妥当のように思われる。在監者の発受する信書の検閲（旧監獄法五〇条、旧監獄法施行規則一三〇条）は、通信の秘密の侵害であるが、監獄の保安維持と一般社会の不安の防止の目的からみて違憲とはいえないであろう。かつて受刑者が新聞の閲読を許されなかった（旧監獄法施行規則八六条二項）のは、必要な限度を超えた制限として違憲の疑いが強いが、購読新聞紙の一部を抹消する措置について、最高裁判所は、閲読を許すことで監獄内の規律と秩序の維持の上で放置できない程度の障害を生ずる相当の蓋然性があるときに限り、違憲とはいえないと判示している（最大判昭五八・六・二二）。また、未決拘留で拘禁された者に対する喫煙の禁止（旧監獄法施行規則九六条）は、制限の必要性の程度、制限の態様、制限される人権の内容を較量して、合憲とされている（最大判昭四五・九・一六）（なお、監獄法は、二〇〇五年の「刑事施設及び受刑者の処遇等に関する法律」および「刑事施設ニ於ケル刑事被告人ノ収容等ニ関スル法律」への改正を経て、翌二〇〇六年には「刑事収容施設及び被収容者等の処遇に関する法律」となっている。また、同法の施行規則も制定された）。

国民の義務　現代の憲法は、権利と自由の保障のほか、いくつかの国民の義務の規定をおくのが普通である。もとより国民の義務は、憲法にあげられたものに限られるわけではなく、最も重要であると考えられる義務のみが憲法に示される。ただ注意しなければならないことは、近代憲法の核心は、憲法によって国家権力を制約するところにあるから、人権の保障によってそのような制約的機能を定めることは、憲法の本質的部分であるが、義務の規定はそのような意味をもたない。それは、あるいは国民に倫理的指示を与え、あるいは法律によって具体化されることを予定するものであり、それ自身として法的意味が大きくないというべきである。義務規定を強化すべしという主張は、国民に倫理的責任を強調する意味はあるとしても、近代憲法の本質を損うおそれがあるといわねばならないであろう。

日本国憲法は、一二条の一般的な倫理的義務のほか、具体的には国民の義務として三つのものを定めるのみである（教育の義務以外は原案になく、衆議院の修正で加えられたものであることも、原案の人権宣言のもつ近代的性格を示すものである）。

(1)　**教育の義務**　「すべて国民は、法律の定めるところにより、その保護する子女に普通教育を受けさせる義務を負ふ」（二六条二項前段）。民主主義のもとでの教育の重要性からみてとくに憲法で定められたものであり、これによって義務教育制が定められたことになる。義務教育の範囲は、九年の普通教育とされ（教育基本法五条一項、学校教育法一六条）、この義務の具体的内容は、学校教育法によって定められている（とくに一七条一項二項）。

(2) **勤労の義務**　「すべて国民は、勤労の……義務を負ふ」(二七条一項)。これは、「働かざる者は食うべからず」という考え方に立ち、勤労の能力をもつ者は、勤労によって生活を維持し、社会に奉仕する義務を負うことを明らかにする。しかし、この規定は、国民を強制的に勤労させる具体的な措置を認めるのでなく、一種の精神的指示を与えるものにすぎない。もっとも、最低限度の生活の維持のために、資産とともに能力を活用することが、生活保護を行う条件とされている(生活保護法四条一項)のは、勤労の義務の趣旨のあらわれといえよう。

(3) **納税の義務**　「国民は、法律の定めるところにより、納税の義務を負ふ」(三〇条)。租税が国家財政の維持に不可欠のものである以上、憲法の明文をまつまでもなく、国民が納税の義務を負うのは当然である。憲法がとくに規定したのは、それが世界の憲法史において伝統的に重要な義務と考えられてきたからであろう。本条が、「法律の定めるところにより」とするのは、租税法律主義を明らかにした意味があるが、この点は、むしろ八四条によって明確に規定されているところである。

2 人権の体系

◉問題の提起

すでにのべたように、最高裁判所は、基本的人権といえども公共の福祉によって制限をうけるという立場をとっており、少なくとも理論上は、人権は一律に公共の福祉を理由として制限できると解していたとみられる。これに対して、ある事件での補足意見は、営業のための広告は、形式は表現行為という手段をとっているが、それを表現というよりも経済的活動としてとらえるべきであるとするとともに、その自由は表現の自由ほど強い保障をうけるものではないとのべている（最大判昭三六・二・一五）。さらに、のちには最高裁判所の大法廷判決のなかで、憲法は福祉国家的理想のもとに積極的な社会経済政策の実施を予定しているのであり、「個人の経済活動の自由に関する限り、個人の精神的自由等に関する場合と異なって、右社会経済政策の実施の一手段として、これに一定の合理的規制措置を講ずることは、もともと、憲法が予定し、かつ、許容するところと解するのが相当であ」ると判示した（最大判昭四七・一一・二二）。このような立場は、人権を画一的にとらえるのでなく、それぞれの人権には憲法上の価値体系において差等があることを認めるものであり、アメリカの判例法上いわゆる二重の基準の考え方（精神的自由権と経済的自由権とは、それを制限する場合の違憲性判断の基準が同一でない、という考え方）を採用したものといえよう。この問題は、憲法の保障する人権を体系的に理解するうえに重要である。とくに、第三章の規定は、裁判規範として働くことが多いから、このような分析は意味が大きいと思われる。以下に、人権の保障は均等ではないという立場に立って、憲法の保障する権利と自由につき、それぞれの内容についての考察はのちにゆずり、憲法上の価値体系からみてどのような類型に分けられるかを考察してみよう。

人権の四つの類型

第三章は多様な内容の人権を保障しており、それを分類する基準によって異なる類型別が可能であるが、裁判規範としての視角から、その制約の合憲かどうかを判断する基準を設定するときには、つぎの四つに分けられる。

(1)　生存権的基本権

二五条の「健康で文化的な最低限度の生活を営む権利」がその代表的なものである。この種の権利は、人権としては、いうまでもなく二〇世紀の社会国家の理念にもとづく新鮮な香りをもつものであって、その保障は、現代国家にとって重要な任務の一つとされねばならない。しかし、この権利の憲法上の保障は、それのみでは、裁判規範としての機能をもたないと解される。すなわちそれはプログラム規定として、国政に重要な指針を与えるものではあるが、個々の国民に裁判において主張できる具体的権利を与えるものではない。最高裁判所も、主要食糧の購入・運搬を処罰することは最低限度の生存権を侵すという主張を却けた判例によってこの旨を明らかにしている

（最大判昭二三・九・二九）し、また、いわゆる堀木訴訟の上告審判決（最大判昭五七・七・七）でも、同条は直接個々の国民に対して具体的権利を賦与したものではないと判示している。したがって、法令の違憲性は、生存権の保障を直接の根拠として主張できず、生存権が具体化するためには、社会立法を制定し、社会施設を充実させることを必要とすることになり、本条は、そのような社会国家、福祉国家としての政治をすることを国の政治的責任としているのである。もし、立法や施設が生存権の実現からみて不十分であっても、裁判所でそれを違憲と主張することはできず、立法政策の問題として政治的手段によってそれを改善するほかはない。もとより、国民の最低限度の生存に対し積極的に恣意的侵害を加えるような法令は違憲となるから、自由権としての側面においては、具体的権利としての性質をもつといえるかもしれない。しかし、現代の立法過程でこのような立法があらわれることはほとんど想像できないのみならず、このことは、憲法の基礎である個人主義あるいは幸福追求権の侵害となるというべきであり、生存権の保障の意味は、このような自由権的側面にあるのではなく、社会国家の基本権たる面にあると解しなければならない。教育を受ける権利（二六条一項）、勤労の権利（二七条一項）も、この類型に属するものと考えられる。

(2) 経済的自由権　財産の私的所有の自由（二九条一項）や契約の自由がその代表的なものであり、人間の経済生活の基礎を確保するための基本的自由である。それは、近代自然法によって基本権とされたものであるが、資本主義体制の支柱として大きな役割を果たした。この権利の保障は、裁判規範として意味をもつのであり、その恣意的制限に対しては、国民は裁判所において違憲性を争うことができ、裁判所もそれを理由に法令の違憲を判定できる（共有森林について持分価額の二分の一以下の共有者に民法二五六条一項の定める分割請求権を否定する規定を違憲としたのは、その例である（最大判昭六二・四・二二））。その意味では、この自由は具体的な法的権利であるということができる。しかし、この類型の自由権が最も法的に重要なものと考えられていた時代は過ぎ去り、現代は、社会全体の利益のため、多かれ少なかれ経済的自由に制限を加える必要が増大している。したがって、これらについては、合理的範囲での制約は憲法上許されると解してよい（憲法二九条二項に「公共の福祉に適合するやうに、法律でこれを定める」とあるのも、この解釈の一つの根拠となる）。そして、現代の立法において、これらの制限立法も合理的理由をもつと推定されるから、経済的自由権を制約する法令も合憲のものと推定され、違憲を主張する側が、その恣意的規制であることを論証する責任をもつことになる。そして、それが合理性を欠く法令であることの立証はかなり困難であるから、経済的自由権の保障は、裁判上恣意的規制を否定しうる効果をもつ（特定の経済的利益を強く保護しようとする立法が、特殊の圧力のもとに制定される場合に、とくにこの効果があらわれる）けれども、実際上、その規制が違憲とされる場合は少ないと考えられる。もっとも、最高裁判所は、薬局の開設について距離制限を定める薬事法の規定（六条二項四項。違憲判決後に削除）は、立法部の合理的裁量の範囲を超えるもので違憲であると判示した（最大判昭五〇・四・三〇）が、経済的自由への恣意的な規制に対する判断として妥当な結論といえよう（ただし、精神的自由権の制限を合憲と判示してきた判例をあわせて考えるとき、本節のはじめに示した二重の基準に近い考え方との論理的な整合性は疑問として残ろう）。職業選択の自由や、それと結びつく範囲での居住・移転の自由

（二二条一項）も、この類型に属する。また勤労者の団体行動権など（二八条）は、資本主義体制のもとでは、経済生活が労働と財産とによって支えられることを予定されているところからみて、原則としてこの類型に属するともいえようが、労働が人間の人格と結びつく面の大きいところから、むしろつぎの外面性精神的自由権に近い場合もあると解される。

⑶　**外面性精神的自由権**　表現の自由（二一条）がその典型的な例である。個人の精神活動の自由を保障することは、近代憲法の重要な使命であるが、この類型の自由権は、個人の精神活動の外部的なあらわれをとらえて、憲法上保護しようとするものである。人間の精神そのものは、本来自由であるべきであって、公権力の介入を許さないものであるが、外部への表現行為は他の社会的利益と衝突する可能性をもつから、法的規制をうけることをまったく排除することはできない。しかし、この類型の自由権は、経済的自由権に比して優越的地位をもち、裁判規範としても強い保護をうけると解される。したがって、事前の規制は原則として許されないとか、規制の基準が広い自由裁量を許さないように明確にきめられる必要があるとか、原則として社会の重大な利益に「明白かつさし迫った危険」を及ぼすことが予見されるときにかぎり規制できるとか、ほかにいっそう制限の程度の少ない手段で規制の目的を達成できるときは、それによるべきであるなどという、合理的な規制であれば合憲であるという考え方を超えたきびしい基準が適用されると解してよい。

このように、この類型の自由権を経済的自由権と区別する論拠としては、㋐憲法の明文が、経済的自由権の保障の代表的なものである二二条・二九条に「公共の福祉」による制限を予定しているのに反し、精神的自由権にはそれが明文にないということ、(イ)精神的自由について、「思想の自由市場」を設定し、そこであらゆる信条を自由に競争させ、できるだけ多くの人に同意せしめる力をもつ信条が少なくともその時点での最良の信条であるという相対主義、経験主義の考え方（これは民主主義思想に結びつく）、(ウ)政治的意見の表現について、自由な表示を許し、多数の支持するところによって国政を行うという民主制の基本的理念からいって、表現の自由は国民主権と直結するものであり、この点で経済的自由権とは質的差異があるという考え方をあげることができる。法令の合憲性の推定も、それが国民多数の意思のあらわれと考えられるところによるから、多数決原理を支持する基盤となる表現の自由を制限する法令には、合憲性の推定は働かないと解すべきであろう。この類型に属する他の自由として、信教の自由（二〇条。ただし信教選択の自由は、むしろ内面的なものとして、つぎの類型に属しょう）、学問の自由（二三条。学問的思考の自由も同じくつぎの類型に属する）をあげることができる。人身の自由は、やや性質を異にするが、それが人間の自由の前提条件であるところからみて、この類型の自由権に準じて考えてよいであろう。

(4) 内面性精神的自由権　思想・良心の自由（一九条）がそれにあたり、人間の人格形成のための内面的精神活動それ自身を保障しようとするものである。その自由は人間としての本質にかかわるものであり、公権力がその内心を理由に不利益を課したり、内心の信条の告白を強制したりすることは、人間としての存在を否定することになり、現代国家として許されないところである。これは、公共の福祉に名をかりて政策的見地から制限を加えることの絶対に許されないもので、絶対的権利といってもさしつかえない。これを制限する法令は違憲となるほかはない。

以上のように、第三章の保障する個々の人権は、それぞれの性質と現代国家のあり方からみて、裁判規範として重要度において差があり、法的にそれを制限することのできる限界に相違がみられる。したがって、それを制約する法令が合憲かどうかを判定する基準においても均等ではないと考えてよい。ただ、このような類型別に適しない権利がある。一つは、いわゆる基本的人権を確保するための人権に属するものである。これについては、のちに受益権として考察しよう。いま一つは、平等権である。これは、他の権利や自由が実体に関するのに反し、規制の方式すなわち法的取扱に関するものであって、保障の側面が異なるといってよい。そこで項をあらためて、平等権を説明しておこう。

法の下の平等　人間平等の理念は、個人の尊厳の原理の当然のあらわれであるが、近代的な諸要因、とくに人間生来の平等を主張する近代的自然法思想、神の前におけるすべての人間の平等を説く近代的宗教思想、平等価値の実現を目標とする近代民主主義などを背後にうけて、法の下の平等は近代憲法にうけいれられている。それは、近代憲法の不可欠の部分といってもよい。もちろん旧来の慣行や偏見は平等権の実現の障害となることが多いが、近代は、平等権の確保のために歩みをすすめてきた。明治憲法も平等権を無視しておらず、公務に就任する資格の平等を明示していた（一九条）。しかし、そこでは平等原則は必ずしも十分に実現されず、たとえば華族の特権、男女の不平等が目立った。日本国憲法は、一四条によって一般原則として徹底した法の下の平等を保障し、さらにいくつかの平等規定をおいている（二四条・二六条・四四条）。ただ、近代憲法における平等権の保障は、法的取扱において差別しないという、いわば形式的な面におけるものであり、現代社会における貧富の差などにもとづく実質上の不平等の是正という社会国家の理念を含むものではないことは注意しておいてよい。現実の平等の実現は、生存権その他の社会権を国が積極的に確保する措置をとることによって行われる（もっとも、一四条も現実の平等を実現するような政治の指針を含むと解する余地はある。過去の長期の差別にもとづく実質的不平等を矯正するため、被差別者に対して暫定的に大学の入学や雇用で配慮するなどの優遇措置をとることは、形式的には逆差別となる。この合憲性の判断は難しい。なお差別をなくすための人権擁護施策推進法も注目してよい）。

⑴　**平等権の原則**　「すべて国民は、法の下に平等であ」る（一四条一項前段）。平等権の主体については、すでに人権を誰が享有するかについてふれたとおりである。「法」とは成文法のみならず、判例法、慣習法を含むことは当然である。「法の下に」を解して、法の適用において平等であることを保障するにとどまると解する立場があるが、法そのものの内容においても平等であることを要求するものであって、立法者をも拘束する意味に解すべきであり、本段は、およそすべての国家作用において、法の与える利益についても、法の課する不利益についても差別の行われないことを保障する一般原則を明らかにしたのである。

⑵　**差別的取扱の禁止**　国民は、「人種、信条、性別、社会的身分又は門地により、政治的、経済的又は社会的関係において、差別されない」（一四条一項後段）。「人種」とは、人の人類学的区別である。現在、日本の統治に服する異人種の国民は少なく（「アイヌ文化振興法」は、アイヌの人びとを独自の民族と

認めている)、問題は他国に比べて少ない。国籍ではないから、外国人であることを理由とする差別は含まれないが、原則として外国人を差別しないことが憲法の趣旨に合致しよう。「信条」とは、思想上の主義、宗教上の信仰を意味する。政治的な意見もそこに含まれる。「性別」による差別の禁止は、男女同権の保障であり、国連が採択し、わが国も批准した女子差別撤廃条約は、あらゆる分野での同権を定めている。男女雇用機会均等法(勤労婦人福祉法を母体とする)も重要である。「社会的身分」という言葉は明確ではないが、身分というところから、通常、人の出生にもとづく社会的地位を意味しよう。そのうち、家族的な身分すなわち家柄(たとえば華族とか士族)は、「門地」であるから、それは除かれる。したがって、帰化人、被差別部落出身者などがそれにあたるとみられる。一四条一項後段は、これら列挙された事由を根拠として、広く政治的にも(たとえば参政権)、経済的にも(たとえば納税の義務)、社会的にも(政治的・経済的でない関係はすべて社会的関係といえる)差別されないことを命じているのである。

もちろん、ここにあげられている事由は、制限的列挙ではないから、それらに該当しない事由による差別が許されるわけではない。このことは、前段が一般的に法の下の平等を保障していることからも明らかである。四四条は、これらのほか、教育、財産、収入をあげているが、これらによる差別の禁止が国会議員の選挙権、被選挙権に限られると解することができないのは当然である。そのほか、多少とも永続性をもつ社会的地位(たとえば、職業、ある地域の住民であること)、年齢などによる差別も、平等権の一般原則からみて許されない。

(3) 合理的差別

しかし、このような差別の禁止は絶対的なものではない。人間は具体的に差異がある以上、それを法が一切無視して均等に扱うことは適当ではなく、したがって、ここで禁止されているのは、正義に反する差別、合理性を欠く差別である。すなわち不合理な差別取扱が一四条一項に反して違憲となる。年齢によって権利や責任を区別し（参政権を差別したり、少年法上の特別の扱いをするなど）、また収入の多い者に多額の税を課したり、特殊の職業にたずさわる者（医師や交通関係業者など）に特別の法的規制を加えるごときは、合理的差別として憲法の許すところである。もっとも、何が合理的差別であるかは微妙な価値較量を要し、これを厳密に解しないならば、ほとんどすべての法的な差別も合理的なものとして合憲とされ、平等権の原則の自壊作用をまねくおそれがある。尊属傷害致死をとくに重く罰する刑法の規定（二〇五条二項〔一九九五年の刑法改正で削除〕）の違憲性が争われた事件で、子の親に対する道徳義務という人類普遍の倫理を理由にそれは合理的な差別であるとした最高裁判所の考え方（最大判昭二五・一〇・一一）は、違憲の論理を却けるための精密な合理性の論証を欠くといえる。最高裁判所も、のちに判例を変更して、尊属殺加罰規定（刑法二〇〇条〔一九九五年の刑法改正で削除〕）を違憲と判示した（最大判昭四八・四・四。もっとも、被害者が尊属である場合を特別に扱うことが直ちに一四条に反するという意見は六人の裁判官であり、最も多数を占めた八人の裁判官の意見は、尊属殺に刑の加重を認めても、その程度によっては合理的差別であるが、刑法の定める死刑・無期懲役という刑罰はあまりにも重きに失し、不合理な差別として違憲となるというものである）。一般的には、法令の目的からみて客観的に規制をうけるべき範囲と、法令が採用している区別の徴表の及ぶ範囲とを比較することが適当な場合が多い（たとえば、常習犯人は悪質遺伝子をもつから、三度以上犯罪を犯した者に断種手術を行うという法律を制定した場合、常習犯の根絶という目的からみて規制されるべき範囲と、法律が定める三度以上犯罪を犯した者という範囲を比べ、合理的かどうかを判断する方法である)。

なお、この合理性の立証責任という見地からは、一四条一項後段が一定の事由を列挙していることは意味があると解される。すなわち、列挙された事由による差別は、民主制において通常は許されないものと考えられ、したがってその差別は合理的根拠があるものとは推定されず、したがってそれが合憲であるためには厳しい基準（たとえば、その差別がすぐれた公的利益の実現に必要であり、かつそれ以外の手段では達成できないこと）に合致しなければならず、また合憲を主張する側がその論証をしなければならないが、それ以外の事由による差別の立法については合理性の存在が推定され、したがって合憲性の推定があると考えられる。

(4) 貴族の禁止と栄典　一四条二項は、民主化の理念にもとづき、貴族のような封建的な世襲の特権を廃止して、法の下の平等を徹底させた。同条三項は、栄誉、勲章その他の栄典は、世襲されず、一代限りとし、またなんらの特権を伴わないものとして、民主的原理のもとでの栄典の性格を明らかにしている。ここでいう特権の意味は明確でないが、栄典を与えられた者が当然に国会議員になりうるというような平等原則を侵す特典をもつことを禁止したと解される。文化功労者に相当額の年金を支給し、名誉市民に一定の経済的利益を与えるように、その栄典にとって合理的とみられる範囲で物的利益を与えることまでも禁止したのではないと思われる。

(5) 平等に関するその他の規定

二四条は、婚姻は両性の合意のみにもとづいて成立し、夫婦は同等の権利をもつこと、家族に関する事項についての立法は、個人の尊厳と両性の本質的平等に立脚して制定されねばならないことを明らかにして、家族生活における平等を定めた。かつてのいわゆる「家」の制度が、家族の不平等のうえに立っていたために、とくに憲法は一ヵ条をおいて民主化をはかったのである。本条の趣旨は、民法の詳細な規定によって具体的に実現されている（もっとも男女の婚姻適齢の差異（民法七三一条）や女子の再婚禁止期間（同七三三条）などは、平等の観点から問題とされている。非嫡出子の相続分が嫡出子の二分の一とされる民法九〇〇条四号は、社会的身分による差別であるが、最高裁は立法の合理的裁量権を超えていないとしている〔最大決平七・七・五〕。違憲とする少数意見の方が説得力に富む）。

二六条一項は、国民が能力に応じてひとしく教育を受ける権利をもつこととし、教育の機会均等を宣言している。能力によって区別されることはさしつかえないが、すべての国民は、「人種、信条、性別、社会的身分、経済的地位又は門地によって、教育上差別されない」のである（教育基本法四条一項）。

なお、参政権について、普通平等選挙が保障され、また国会議員の選挙権と被選挙権についてくりかえして平等が保障されているが、これについてはすでにのべた。

新しい人権　第三章は、豊富な人権を個別的に保障する規定をおさめているが、それは憲法の保障する人権をすべて網羅したものではない。そして、社会が発展し、その構造が複雑になるにしたがい、新しい利益が憲法上の保護をうける権利へと成長していくことを認めねばならない。このような現代社会の要求に応じて新しい人権の誕生をどのように把握していくかは、現代の憲法学の一つの課題といってよい。

このような新しい人権を認めるために憲法改正を行うことが考えられるが、解釈を通じてそのような人権を創造していくことも可能である。そのためには一般的には、憲法の保障する人権の体系全体を背景としながら、とくに一三条のような包括的な人権保障規定を基礎とするのが適当と思われる。なかでも、同条にいう「幸福追求に対する権利」が重要である。いまでは、有力な学説は、この幸福追求権をいわば包括的な人権として、ここから具体的な権利を生みだそうとしている。ただ、この漠然とした規定によって安易に新しい人権を創設することは、かえって法体系の混乱を招くことになりかねない。したがって、新しい人権の主張のためには、その権利の法的根拠のみでなく、権利の法的性質、その射程範囲、保護をうける程度などを精密に検討しなければならず、さらに裁判によって保護をうけるためには、一般的には民法七〇九条やその他の法令の規定の補充をうけつつ、権利を主張できる当事者適格、与えられる救済方法などをも明確にするという態度が望まれよう。ここでは、とくに問題となる新しい人権をあげるにとどめよう。

(1) プライバシーの権利　現代社会は密集社会といわれるように人間関係が複雑に錯綜する状況にあるが、それだけに個人の私生活が重要になり、他人から放任しておかれる利益が尊重されねばならない。プライバシーの権利は、このような私生活を他人から干渉されず、またたとえ真実であっても知られたくない私事を暴露されない利益をまもるものであり、「宴のあと」の判決（東京地判昭三九・九・二八）は、それが権利として保護されることを認めた。憲法的には、幸福追求権、その背後にある「個人の尊重」の理念によって基礎づけられよう。最高裁判所が、警察官が正当な理由なしに肖像を撮影することは憲法一三条の趣旨に反し許されないとし（最大判昭四四・一二・二四）、区長が照会に応じて前科をすべて報告したことは不法行為にあたるとした（最判昭五六・四・一四）のも、この利益を保護するものである。もっとも、プライバシーの権利も、表現の自由などと対立することが多く、その調整は困難な問題を提起する（「エロス＋虐殺」事件ではプライバシー侵害を理由とする映画の上映差し止め請求が認められなかった〔東京高決昭四五・四・一三〕）。なお、近時、プライバシーの権利の観念は拡大され、個人が自ら決定すべきことを他人によって干渉されないこと（この自己決定権は、服装や身なりの決定から子を産むか産まないかの自由、さらに安楽死など死ぬ権利にも及ぶ）や、自己の情報をコントロールする権利、ことにそれぞれが特定の相手方に公開された私的な情報であっても、それの集中管理（いわゆる「国民総背番号制」）を阻止することなどをも包含するに至っている。そこでは利益の較量調整はいっそう難しい（住民基本台帳のネットワークシステム〔いわゆる「住基ネット」〕の法制化にともない個人情報保護法制の整備が二〇〇三年になされ、二〇〇五年四月から本格的な個人情報保護制度が実施されている）。

(2)　**環境権**　社会が発展し、経済成長が高度化すると、人間の住む環境が破壊される程度が大きくなり、大気や水質の汚染、騒音、悪臭、日照妨害などのいわゆる「公害」が増大してくる。人間がよい環境を享受し、人間らしい生活を営むことは、その強い要求であり、そこから公害を免れ、環境破壊からまもられる権利が主張される。憲法的には、幸福追求権や生存権がこれを基礎づける。このうち日照権など具体的な状況に応じて法的に保護をうけるものもあり、よい環境をもつ利益が較量において考慮されることは確かであるが、環境権そのものを法的権利として認めるには、その権利の内容・範囲・効果・権利を主張しうる当事者適格など解決すべき問題が残っており、なお成熟過程中の権利といえよう。大阪空港騒音事件で、原告は、被害に対し損害賠償をかちえたが、最高裁判所は、その根拠を人格権に求めており（最大判昭五六・一二・一六）、火力発電所の操業禁止を求める訴訟などで、環境権のみを根拠とする主張を認めていない（最判昭六〇・一二・二〇）。国際的にも環境保護の重要性がますます増大している現在、環境基本法はじめ、個別的な環境保護立法の整備充実が環境権の権利性の確立のため必要であろう。

(3) 知る権利　これは包括的な人権に含まれるというよりも、表現の自由の拡大の現象といえるが、現代社会においては、表現の送り手の自由よりも、受け手があらゆる情報を知る自由が重要になってきたとの認識にもとづくものである。最高裁判所も、この「知る権利」にしばしば言及している（最大決昭四四・一一・二六、最決昭五三・五・三一参照）。とくに、現代の表現の送り手としてのマス・メディアの役割が高まれば高まるほど受け手の「知る権利」が強調される。ただこの権利の内容は不確定であり、すでにみた精神的自由の経済的自由に対する優越性を基礎づけるという理念的意味をもつこと、具体的事件において違法性阻却や正当行為の抗弁を根拠づけることが含まれる。そして、「知る権利」の最も典型的なあらわれは、消極的自由権としての表現の自由を脱却して、国民の必要とする情報とくに国や地方公共団体のもつ情報の公開を請求する権利を認めることである。この権利は個人のプライバシーの保護や国の秘密の保持の要請と調節する必要があるが、民主制のもとで重要性を増している（情報公開制度は、一九八〇年代以降かなりの地方公共団体で情報公開条例が制定され住民が活用しており、二〇〇一年四月から国の制度が実施されている）。また、マス・メディアに自己の意見を伝達することを要求できる、いわゆる「アクセス権」は、直接には表現する側の権利であるが、実質上受け手の「知る権利」を充実させるものである。これもマス・メディアの表現の自由と衝突するものであって、なおわが国の実定法上は成熟した権利とはなっていない（意見広告に関する事件で、最高裁判所は、現行法上「アクセス権」は認められないとしている（最判昭六二・四・二四））。

3 自由権

◉問題の提起

第三章は、国家権力からの自由として多くの自由権を保障しているが、すでにみたように、これらの保障規定は裁判規範として具体的な権利を保護している。それだけに、裁判において、これらの自由権が相互に対立し、あるいは他の利益と抵触することが問題になることが少なくない。博多駅における警察官と学生との衝突事件をめぐって、警察官の行為に対する刑事訴訟法二六二条による付審判請求が行われた。裁判所は、この審理のため放送局に当日のニュースのフィルムの提出命令を出したが、放送局は、その提出は取材の自由を制約する効果をもち、報道の自由を侵すものとして提出を拒否した。最高裁判所は、公正な刑事裁判を実現するという利益を重視して提出命令を支持した（最大決昭四四・一一・二六）が、ここでは、報道の自由と公正な裁判の実現という利益が対立した。また、吉田喜重監督が、いわゆる「日蔭茶屋事件」を中心に映画「エロス＋虐殺」を製作したところ、神近市子がプライバシーの権利の侵害を理由にその上映禁止の仮処分を申請した。裁判所は、上映を差しとめねばならない程度にさしせまった、回復不可能な重大な損害を生じるものと認められないとして、申請を認めなかった（東京高決昭四五・四・一三）。

この事件では、映画による表現の自由とプライバシーの権利が抵触したのである。このような利益較量の必要性を念頭におきながら、自由権を個別的に考察していこう。

自由権の構造

自由権すなわち国家からの自由は、人権宣言の中心を占める古典的人権であり、自然法に基礎をおくと考えられた重要な人権である。社会・国家の発展とともに、自由権以外の人権が生みだされてはきたが、依然として近代憲法の性質をもつ憲法のもとにあって自由権の重要度は減少していない。世界人権宣言もまた数多くの自由権を掲げているし、国際人権規約のうちの市民的および政治的権利に関するB規約はさらに詳しくそれを列挙している。そして、とくにわが国において、自由権が十分に定着しないままに軍国主義による制圧をうけた経験があるだけに、現代においても自由権を強調する必要は減じていないのであり、日本国憲法が、著しく自由権の保障に詳しく、人権の体系においてそれへの傾斜が強いのも、理由がなくはない。日本の近代化のためには、自由権が真に確立され、国民のものとなることが要求される。

以下に自由権を個別的に検討するに先立って指摘しておくべきことがある。一つは、それぞれの自由権について現代社会における価値に差異があるという前述の考え方を念頭において解釈することである。ここでは、その点を前提として、説明の便宜上、精神の自由、人身の自由および経済活動の自由の三つに分類してみることにしたい。いま一つは、国民の自由は、決して個別的に列挙されたものに限定されないことである。ここにあげる自由権は、人権の発展の沿革からみて、歴史的・社会的にとくに重要とみられてきたものであり、他の自由の存在を排除するものではない。しかし、解釈にあたっては、列挙された自由を合理的な範囲で類推し、あるいは拡張して考えるのが適当のように思われる。その理由は、制限的に列挙されたものであるという解釈があるのみならず、列挙された自由ではなく一般的自由に含まれる権利であるとされるときには、その自由は重要度において劣り、その制約は合憲であるとされる可能性が大きいからである。

精神の自由　人間の精神活動の自由は、人間たるの本質にもとづくものであり、人間としての存在の基礎条件をなすものであるが、民主制にあっては、それを成立させる前提ということができる。日本国憲法が、量的にも広く精神的自由を保障するとともに、質的にも、法律の留保を認めずに保障しているのは、意義のあるところである。

(1)　思想・良心の自由（一九条）　人間の内心の自由を保障するものである。本来それは、権力といえども立ち入ることのできない領域であるが、過去において、思想を理由に不利益を課し、また内心の信条告白を強制する（たとえば「踏絵」）ことが行われた。本条は、このような人間の内心の自由を絶対的に保障するものである。思想の自由と良心の自由の区別は明確ではないが、前者は主として論理的・知的な判断作用をいい、後者は主として倫理的・主観的な判断作用をいうと解される。学問的な体系を思索する自由や、内面的な信仰の自由は、内心の自由として絶対的保障をうけるものであり、学問の自由や信教の自由の基礎にあるものとして、本条の保障をうけると解してよいであろう。

本条は、およそ人間の心の作用であればすべてを保障すると解すべきではなく、その趣旨からみて、人間の人格形成に資する精神活動の自由を保障するものと解される。したがって、名誉毀損に対する救済方法として謝罪広告を命ずることは、たとえ内心と異なる表示を強制することになっても、本条に違反しない（最大判昭三一・七・四。不当労働行為の救済として陳謝文掲示を命ずることも同じであろう〔最判平七・二・二三〕。ただ謝罪まで命ずる救済が妥当かどうかは問題ではある）。また最高裁判所裁判官の国民審査の方法として、分からないという意思の表示が認められず、実質上は分からないという意思の白票に罷免を可としないという法的効果が与えられても、違憲とはいえない（最大判昭二七・二・二〇）。問題となるのは、憲法の根本理念を否定する思想や憲法体制を破壊する信条も保護されるかどうかであるが、なんらかの外部的なあらわれをとらえるのではなく、内心の思想そのものとしてはそのような思想信条も保護をうけると考えられる。占領中に行われた超国家主義思想の持主の追放や、共産主義者に対するいわゆるレッド・パージは、占領軍の指令という超憲法的効力をもつものによって行われたという理由で是認するほかはないであろう。

(2) **信教の自由**（二〇条）　自由権の沿革において信教の自由はその中心を占め、欧米の近代国家ではその他の自由権の先駆としての役割を果たした。日本では、明治憲法のもとで神社が国教的地位をもって特別の優遇をうけた過去があり、また信教が個人の良心の核心を占めるという意識が薄く、とくに少数者の信仰の自由を尊重する念に乏しい。信教の自由の保障について、日本国憲法に詳しい規定をおいているのはこのためである。

信教（信仰、宗教と同じである）の自由の中心は、宗教を信仰するかしないか、信仰するとしてどの宗教を選択するかの自由であり、これは内心の自由として良心の自由（一九条）の本質的部分をなすものである。「沈黙の自由」も当然に含まれ、信教についての表明を強制されることはない。何を信仰するかという信仰の内容の決定も信仰選択の自由にかかわり、国家権力の介入ができない。したがってそれは法律上の争訟の対象とならない（最判昭五六・四・七参照）。二〇条の保障する信教の自由は、外部的な宗教活動の自由である。信教の自由の価値からみてその制約は格別の慎重さが求められるが、絶対的自由ではなく、法的規制をうけることがある。信仰の告白としてされる行為（礼拝、祈禱、宗教的儀式の挙行、それへの参加など）の自由は重要であるが、加持祈禱に名をかりて人の生命に危害を及ぼすことを処罰しても違憲でない（最大判昭三八・五・一五）。この反面として、何人もそれらの行為への参加を強制されない（二〇条二項。公務員が参加の義務のある公の儀式は宗教的儀式であってはならない）。信仰上の理由にもとづいて宗教と直接に関係のない法義務を免れることができるかどうかは難しい問題である。外国でみられる「良心的兵役拒否」はその一例である（信仰にもとづいて体育の剣道実技の受講を拒否したため単位不足で原級留置・退学処分を受けた学生が、処分を争った事件で、最高裁は、その処分が教育上の裁量権を超える違法のものと判示した（最判平八・三・八））。

宗教活動は複数の者が集まって信仰を深めることが重要であり、宗教上の結社を作る自由への国家権力の介入は排除される。淫祀邪教といわれるものは宗教ではないといわれることもあるが、宗教が真正かどうかを公権力が判断することは宗教の弾圧につながる。もちろん宗教的結社の活動について規制はありうる。宗教法人法は宗教法人の解散命令の制度を定めるが（八一条）、これは法人格を奪うもので、宗教的結社そのものの解散ではなく、信教の自由の直接の侵害ではない〔最決平八・一・三〇〕。宗教活動では、その教義を宣伝し信者を獲得することが重要であり、この布教活動は一種の表現の自由の行使であるが、宗教の特質から一般の表現より保障がつよいとも考えられる。

信教の自由を真に確保するためには、国家と宗教を分離することが必要である。したがって、国教を定めることの許されないことはもちろん、いかなる宗教団体も、国から特権をうけたり、政治的権力を行使できず〔二〇条一項後段〕、国やその機関が、宗教教育その他の宗教活動をしてはならない義務を負う〔三項〕。したがって国の儀式が特定の宗教上のものであってはならない。しかし、一般に宗教的情操を高める非宗派的教育を行ったり〔教育基本法一五条一項参照〕、宗教的起源をもつものでも社会生活の習俗となっていることを行うことまでも、国に対して禁止したものではない〔津地鎮祭事件で、第二審は、地鎮祭も憲法の禁止する宗教的活動であって、地方公共団体が公金をもって行うことは違憲であるとした〔名古屋高判昭四六・五・一四〕が、最高裁の多数意見は、それが神道の方式で行われるとしても、一般人の意識では建築着工の際の慣習化した社会的儀礼として世俗的な行事となっているとして、一種の習俗とみて、宗教的な行為であるが、宗教に対する援助、促進、圧迫、干渉になるような違憲の宗教的活動にあたらないと判示した〔最大判昭五二・七・一三〕。これは、問題となる国の行為の目的と効果を基準として政教分離の禁止にあたるかどうかを判断する考え方であり、のちに、自衛官合祀拒否事件〔最大判昭六三・六・一〕、箕面忠魂碑事件〔最判平五・二・一六〕などでも採用されている。県知事が靖国神社、護国神社に玉串料等の名目で公金を支出することについて、最高裁の多数意見はこの基準を適用しつつそれが憲法上の政教分離に反すると判示した〔最大判平九・四・二〕。日本国憲法は、政教分離を徹底させるために、財政面から公金や公の財産を宗教上の組織や団体の用に供してはならないというきびしい制限をおいている(八九条)。この限度では、宗教団体は他の団体と差別されていることになるが、国の非宗教性を徹底させる目的によって平等権の例外を認めたのである。もっとも、宗教団体が宗教的色彩のない行為をするときにまで差別するのは適当でない(したがって、宗教団体が宗教活動をする目的で公の財産を利用することはできないが、正規の使用料を払ってリクリエーション活動のために国立の運動場を利用することは差し支えない)。

(3) **学問の自由**(二三条) 学問の発展は国の文化と国民の福祉の向上に不可欠であり、そのために学問的活動の自由が保障されねばならず、とくに日本において権力による学問研究への侵害が行われた経験からみて、日本国憲法は明文の規定をおいた。内心における学問的思索はむしろ絶対的な思想の自由の重要な部分であり、二三条は、広く学問研究者に学問的研究活動を行い、学問的成果を発表する自由を保障し、さらに高等教育機関において研究成果を教授する自由を保障している。もとより、この保障も絶対的ではなく、学問に名をかりて政治的宣伝を行い、わいせつ文書を頒布したりすることがあれば、本条を理由に法的責任を免れることはできない。ただ、法的な規制の許容される限界の決定には、学問の自由を侵さないようきびしい基準が要求される。なお、本条は下級教育機関における教育の自由を保障するものではなく、そこでの教育課程や教科内容などを規制することを禁止するものではない(普通教育で使用される教科書の検定は本条違反ではないとされる(最判平五・三・一六))。もっとも、普通教育においても、教育である以上、教師が児童生徒の個性に応じて自由闊達な教授を行う必要があるから、ある限度において、学問の自由の趣旨を推し及ぼすことが考えられよう(最大判昭五一・五・二一参照。なお東京地判昭四五・七・一七は、学問の自由は下級の教育機関における教育の自由をも保障していると解している)。

学問の自由の担い手の主要な機関は大学であるところから、本条は大学の自治を制度として保障するものと解される。この内容としては、大学の教授や研究者はその学問研究上独立性が認められ、他の者の指揮・監督をうけないこと、大学の管理・運営、とくに教授や研究者の人事の自主性が保障されること、研究や教育の活動に関して、施設や学生の管理に大学の自律性が認められることが含まれる。そのため、大学は学内秩序を自主的に維持する責任を負い、学園内に警察権が恣意的に介入することは許されない(最高裁は、学内における学生の集会であっても、政治的・社会的活動であるときは、大学の自治の保障をうけないと判示している(最大判昭三八・五・二二))。

(4) **集会の自由**(二一条一項) 集会とは、多数人が共通の目的で、ある場所に集合することであり、デモ行進のように場所の移動する集会も含まれる。集会の自由は、このような集会を開催する自由のほか、それに参加する自由を含む。それは、現代社会において、意思を表示する手段として、とくにマス・メディアによる言論・出版のような表現手段を利用しにくい民衆にとって最も有効な方法として、重要なものであり、基本的な自由といわねばならない。しかし、他面において、道路や公共の場所を利用する集会が他人の利用を制限し排除する効果をもつから、規制をうけざるをえないことになるし、また、集会の自由は、単なる言論を超えて、行動を伴う言論であるところから、言論・出版に比して規制をうけることも多い。したがって、集会の自由の制約の合憲性をどう判断するかは難しい問題である。

いわゆる公安条例は、その規制の代表的なものである。最高裁判所は、はじめ新潟県公安条例事件(最大判昭二九・一一・二四)において、条例が集団行動に対し「単なる届出制を定めることは格別、そうでなく一般的な許可制を定めてこれを事前に抑制すること」は違憲であるが、「特定の場所又は方法につき、合理的かつ明確な基準の下に」許可制を定め、また「公共の安全に対し明らかな差迫った危険を及ぼすことが予見されるとき」禁止することは許されるとして、相当に具体的な基準を設定した。のちに東京都公安条例事件(最大判昭三五・七・二〇)では、集団行動は潜在的に秩序を乱す力を内包しているから法的規制が必要であるという単純な論理で、集会の自由という重要な人権の制限を合憲と判示している。また、集団行進に交通秩序を維持することという不明確な義務づけをする公安条例は、立法措置として著しく妥当性を欠くけれども、通常の判断能力をもつ一般人がその遵守についての基準を読みとれるとして合憲とした(最大判昭五〇・九・一〇)。道路交通法による警察署長の許可制も、その基準(道交法七七条二項)からみて違憲ではないと判示している(最判昭五七・一一・一六)。全体として、最高裁判所は集団行動のもつ病理面を強調して、その表現の自由の面を軽視している嫌いがある。

集会の自由の行使には場所を必要とするが、公園、広場、道路、公会堂のような公の施設で行われるときが多い。その利用を禁止されるときには集会の自由は制約されることになる。もとよりこれらの施設は本来の使用目的があるし、施設管理権にもとづく規制をうけるが、パブリック・フォーラムというべき表現のための場として役立つのであり、とくに集会の内容にもとづく規制の場合は、憲法上の自由が尊重されてよいであろう。最近の判例には、利用不許可処分について、厳しい要件を課すもの、違法とするものが登場しており、注目に値する（最判平七・三・七、最判平八・三・一五）。

(5) **結社の自由**（二一条一項）　結社とは、多数人が一定の共通の目的のために継続的に結合することである。結社の自由は、団体を結成し、参加する自由と、結社自体が存続する権利を含む（他面で結社を結成しない自由、個人が結社に加入しない自由、団体から脱退する自由も含まれる）。人間は団体を作ることによって、その意思や行動の効果を強めることができるから、結社の自由も、民主制における重要な意味をもつ。もとより、犯罪を行うための結社のごときは保護をうけないが、このような結社も、事後に抑制できるのであり、結社の自由を事前に規制すること（たとえば許可制）は許されない。また、行政処分をもって結社を解散させること（たとえば破壊活動防止法七条は、暴力主義的破壊活動を行った団体について公安審査委員会が解散指定を行う道を開いている）も違憲の疑いがある。なおもっぱらまたは主として経済活動を目的とする団体の結成の自由は、二一条が保障するのではなく、経済的自由に属すると考えられる。

(6) **言論・出版の自由**（二一条一項）　言論・出版その他一切の表現の自由は、あらゆる手段によって思想を発表する自由である。それは、本来話す自由、書く自由であったが、現在はあらゆる思想や意見を自由に聞く自由、読む自由としての面もきわめて重要であり、送り手の自由とともに受け手の自由も保障されていると考えてよい。その意味では、この自由は民主制の基盤となるものである。新聞・雑誌その他の出版物によるほか、現代では多様な媒体が存在しており、これらの手段(たとえば、映画、演劇、音楽、レコード、ラジオ、テレビ)による表現を含む。また、自己の思想や知識の発表のみでなく、事実の報道も、国民に意見を形成するための素材を提供する重要な意味をもち、報道の自由も当然に含まれる。報道の準備作業として行われる取材の自由は、取材活動が第三者の利益や公共の利益に直接に抵触する可能性が大きく、それだけ報道の自由に比して制約が加えられざるをえない。本条が新聞記者の取材源の秘匿義務を保障せず、したがって法廷での証言拒絶の理由にならないとした判決(最大判昭二七・八・六)や、法廷の写真撮影の制限も表現の自由の侵害として違憲となるものでないとした決定(最大決昭三三・二・一七)がある。もっとも、取材を行わない報道はありえないから、報道の自由の保障は取材の自由なくしては内実を伴わない。最高裁判所も、取材の自由が「憲法二一条の精神に照らし、十分尊重に値する」としている(最大決昭四四・一一・二六。それまで一般に禁止されていた法廷におけるメモ採取が、特段の事情のない限り、故なく妨げられてはならないとしたのも(最大判平元・三・八)、同じ趣旨である。また、外務省公電漏えい事件でもこの趣旨が確認され、守秘義務を負う公務員に秘密開示を報道目的で執拗に要請することも手段方法が相当であれば違法でないとしつつも、取材の対象の人格を著しく蹂躙するなど社会観念上是認されない態様でされれば、正当な取材活動の範囲を逸脱すると判示した(最決昭五三・五・三一))。

広告もまた表現の一つであるが、純然たる営利的広告は、むしろ経済的自由権の行使としてとらえ、合理的な目的による制限を受けると解してよいであろう(ただし、営利活動の面よりも消費者のうけとる情報の面を重視してよい場合には、広告を精神的自由と経済的自由の中間に位置するとみる見解は考慮に値する)。

表現の自由は、民主制と直結するものであるだけに、その制限が許されるためには厳格な基準に合致する必要がある。もちろん、名誉毀損、プライバシーの侵害、わいせつなどにあたる表現は、一般的にいって価値が低いものであり、それらに事後的に法的制裁を加えることは必ずしも違憲ではない。しかしこの場合も表現が価値を含むときには、法の適用において価値較量を行い、表現の自由を侵すことのないように注意する必要がある(最高裁がチャタレイ事件(最大判昭三二・三・一三)においていうように、芸術的評価と法的評価とは次元を異にすると考えられるが、そこで右のような価値較量が十分行われたかどうかは疑わしい。わいせつの罪については、刑法一七五条の構成要件をいっそう具体化させる基準が必要であろう(最判昭五五・一一・二八参照)。名誉毀損について、報道が真実であることの証明がなくても、確実な資料、根拠に照らし、真実と誤信したことに相当の理由があるときは、報道の自由が優先するとした判例(最大判昭四四・六・二五)は妥当であろう)。このような較量を指導するものとして一般的に表現の自由の制約の合憲性を判断する基準が重要であるが、それにはつぎのような基準があげられる。㋐事前の抑制は原則として許されない。二一条二項前段が典型的な事前の抑制である検閲の禁止を明示しているのはこの趣旨である。表現が受け手に達するに先立って公権力が抑止することは、表現の自由をまったく失わしめる効果をもつから、この禁止は絶対的なものと考えてよい(関税定率法二一条一項三号(現関税法六九条の一一第一項七号)による輸入書籍、映画などの税関検査が違憲であるとして争われた事件で、最高裁は検閲の絶対的禁止を承認したが、ここでいう検閲の意味を限定して解釈し、税関検査はそれにあたらないとし、わいせつな表現物の国内への流入阻止は、公共の福祉に合致して合憲と判示している〔最大判昭五九・一二・一二〕。もっとも、事前の抑制は、それが検閲にあたらない規制であっても、その合憲性はきびしい基準で判断される。たとえば裁判所の仮処分による出版の事前の差止めは、きわめて例外的にのみ許される〔最大判昭六一・六・一一〕。第一次から第三次のいわゆる家永教科書裁判では、教科書検定制度は検閲にあたるかどうかが争われたが、判例は一貫してそれは検閲に該当せず、合憲であると判示している〔最判平五・三・一六参照〕。もっとも個別の具体的記述についての検定意見は裁量権を逸脱した違法のものとする例がある〔最判平九・八・二九〕。(イ)事後の制裁を加える法において、抑制されるべき表現が法のうちに明確にされなければならない。不明確な立法では、不当に広範囲にわたって表現が抑圧されるおそれがあり、表現に対してそれを萎縮させる効果をもつからである（右の関税定率法の規定は、「風俗」を害すべき表現物の輸入を禁止するが、この「風俗」という用語は不明確かつ広汎に失すると思われる）。(ウ)価値較量において複雑な問題を生ずるとき、とくに政治的言論のような重要な表現の制約が問題になるときには、いわゆる「明白かつさし迫った危険」（clear and present danger）の基準（表現が社会の重大な利益に対し危険な傾向をもつにとどまるときでなく、それが明白で説得の余裕のないほどさし迫った危険を及ぼすときにはじめて抑制できるとする考え方）が有効である（この基準は、せん動罪の成否についてきわめて適切と思われるが、最高裁は、単純な「公共の福祉」の基準で処理している〔最判平二・九・二八〕）。(エ)「より制限的でない他の手段」（less restrictive alternative）の基準（規制の目的を達成するために表現の自由に対する制限のより少ない他の手段がないかどうかを裁判所がきびしく審査して、そのような手段のないときにはじめて合憲とする考え方）も、表現の自由の制限は規制目的からみて必要最小限でなければならないところからみて適切であることが多い。

言論の自由の保障について、規制が表現の内容に関するときには、公権力による選別が行われることになるから、右にみたようなきびしい基準で合憲性が判定される。しかし、規制が表現の内容に中立でありながら、表現の自由を抑止することがある。学校地区での騒音、道路におけるビラ配布、建造物へのビラ貼り、屋外広告物、国旗焼却のような言語を伴わない行動による象徴的表現などの規制がその例である。これらは表現の内容に直接の関係なしに実質上言論を制限するものである。これらについては、きびしい基準の適用は妥当でないが、経済的自由の場合のように合理的制限ならば許容されるとするのも、言論の自由の重要性からみて適切でない。その中間の「厳格な合理性」の基準と呼ばれるものが主張されている。そして、この場合、法令そのものが合憲であっても、具体的状況から適用違憲の場合がありえよう。

(7) **通信の秘密** (二一条二項後段)　手紙・葉書のような信書のみでなく、電信・電話などすべての通信の秘密が保障される。これは表現の自由の保障にも関連するが、主としてはプライバシーの保護の面がつよい。郵便法もこれをうけて、検閲を禁止し (七条)、さらに、郵便業務に従事する者が職務上知りえた他人の秘密を守る義務を定めている (同八条)。もとより、犯罪捜査のための司法官憲の発する正当な令状があれば、信書も押収できる (三五条)。電話の傍受についても同様と解される (ただ、傍受には特殊性があり、一九九九年に通信傍受法 (正式名「犯罪捜査のための通信傍受に関する法律」) が制定されている)。在監者、破産者も通信の秘密の制限をうけている (最近パーソナル・コンピュータを用いるネットワークが発展し、不特定多数の人々の間の情報交換をする「公然性をもつ通信」が広く利用されている。通信の秘密の保護に関して検討を要しよう)。

人身の自由　人身の自由は、個人の尊厳にとって不可欠の前提であり、しかもすべての自由の基礎にあるといってよい。人身の自由を奪われるならば、他の自由を行使することはできないからである。過去の専断的政治は、何よりも恣意的な人身の拘束のうえに行われたといえる。日本国憲法は、きわめて詳細にまた多角的に人身の自由を保障しようとしているが、それはこのような経験にうらづけられている。とくに、人身の自由にかかわる手続について詳しい規定をおいていることが目立つが、「人間の自由の歴史は、その多くが手続的保障の遵守の歴史である」という趣旨からみて、妥当な態度と考えてよいであろう。

(1)　**奴隷的拘束と苦役からの自由**(一八条)　奴隷的拘束とは、奴隷のように人間の尊厳を否定するような人身の拘束状態をいう。これを禁止することはおよそ民主制にとって自明のことであり、絶対的な保障であるのみならず、国家内の公序を構成するもので、本人の同意があっても禁止されるし、私人間にこの状態を作る契約も無効となる。

意に反する苦役とは、本人の意思に反して強制される多少とも苦痛を伴う労役をいう。犯罪に対する処罰が例外として許されることは明文の示すとおりであるが、さらに、一時的に緊急の必要にもとづく労役強制(たとえば、消防法二九条五項、災害救助法二四条・二五条)も違憲とはいえない。しかし永続的なもの(たとえば、かつての国家総動員法による国民徴用)は違憲の疑いが強い。徴兵制度は、国際人権規約では強制労働に含まれていないが(B規約八条)、日本国憲法においては、九条とともに一八条に反するものと解される。

(2) **法定手続の保障**（三一条）　何人も、法定の手続によらなければ、生命、自由を奪われ、その他の刑罰を科せられないという保障は、アメリカ憲法のいわゆる「適正な法の手続」(due process of law) の条項（修正五条・一四条）を母法とする。しかし、アメリカでは、それが、とくに州の権力の侵害に対する連邦憲法による人権保障の一般的規定とならざるをえず、きわめて広い解釈・運用が行われているが、日本国憲法では、人権保障規定が整備されており、そのような広い適用の必要に乏しい。

本条で問題になるのはつぎの諸点である。(ア) 刑事手続が「法律」（最高裁判所規則をまったく排除するとは解されない）で定められることが要求される。(イ) 刑事手続が単に形式的に法律で定められるにとどまらず、その内容が適正であることを求めていると解する。その適正とは何を尺度としてきめるかは問題であるが、結局は民主制における自由と正義の基本原則というほかはない。判例が、所有者に告知・防禦の機会を与えずにその所有物を没収することは三一条に反すると判示している（最大判昭三七・一一・二八）ことは、その一例である。(ウ) 法定手続の保障は刑罰に関するものを主眼としているが、行政手続にあっても、身体の拘束をうけるような処分については及ぼしてよいであろう。これに反して経済的規制の場合などは、不利益を課する処分であっても、本条はそのまま適用されることはない。しかし憲法の趣旨からいって、正義の基本原則に反しないことが望ましい（いわゆる成田新法による工作物使用禁止命令について、最高裁は行政手続も三一条の保障の枠外にあるものではないとしつつ、諸般の事情を較量して、本件命令を発するにつき事前の告知や防禦の機会を与える規定がなくても違憲ではないと判示している（最大判平四・七・一〕。行政手続法は、三一条の趣旨を具体化している）。(エ)本条は単に手続のみならず、法の実体または要件にも及ぶか。まず、文言からは必ずしも明らかでないが、手続の前提として、要件を定める実体法が法律で定められること、すなわち罪刑法定主義をも含むと解される。さらに、刑事の実体法の内容の適正まで要求するかどうかは問題である。適正を欠く刑事実体法の多くは本条によらず、個々の憲法の規定によって違憲となろう。ただ構成要件が明確を欠く場合は、罪刑法定主義の一面として、本条によって違憲となりえよう（青少年保護条例の「淫行」規定の合憲性が争われた事件で最高裁は、そのことを認めている〔最大判昭六〇・一〇・二三〕）。

(3) 被疑者の権利（三三―三五条）　国は、犯罪捜査にあたっても被疑者の人権を侵すことなく、正当な手続をとる必要がある。

(ア) 逮捕　逮捕にあたっては、司法官憲（裁判官を指す）が発した令状（それは、犯罪事実を特定しない一般的令状であってはならない）が要求される（三三条）。逮捕において行政権を司法的な抑制のもとにおく趣旨である。ただし現行犯はこのかぎりでない。いわゆる緊急逮捕（刑訴法二一〇条）は本条に反するおそれがあるが、判例は、一定の重罪につき、厳格な制約のもとで緊急やむをえないときにかぎり、直ちに令状の発行を求めることを条件とするもので、違憲でないとする（最大判昭三〇・一二・一四。合憲であるとしても、それを認める範囲をもっと制限することや、のちに令状が発せられなかったときの救済を考える必要があろう）。

(イ) 抑留・拘禁　逮捕後、人身を一時的に拘束する抑留、およびやや継続的に拘束する拘禁について、それを必要とする理由を直ちに告げられ、かつ直ちに弁護人に依頼する権利が保障される（三四条前段）。ここでの弁護人依頼権は、実質的に弁護をうける権利を妨げてはならず、さらにその権利が十分に行使できる機会と方法を与えねばならないことを意味するが（この点で弁護人の被疑者との接見交通権に対し、検察官などがその日時や場所などを指定すること〔刑訴法三九条三項〕が問題になる）、国選弁護人をつけることまで要求していないであろう。ついで、拘禁には正当な理由が必要であり、その理由は、要求があれば公開の法廷で示さねばならない（三四条後段）。勾留理由開示の制度（刑訴法八二条以下）はそれを具体的に保障するものである。しかし本条の精神からいえば、裁判所がその理由の当否を判断し、理由が正当でないならば釈放する制度が望ましい。人身保護法はその趣旨を実現したものである（もっとも、人身保護規則四条は、違法が顕著であり他に方法がないときに救済を限っており、公権力による不当な拘禁に役立つことが少ない）。

(ウ) 捜索・押収　人の住居や所持品に対する侵入、捜索、押収には、司法官憲の発する令状が必要である（三五条一項）。この令状は、正当な理由にもとづき、捜索の場所と押収する物を明示しなければならず、また、数個の行為を一本の令状にまとめるのでなく、各別の令状でなければならない（同条二項）。国家権力が犯罪捜査のためであっても個人のプライバシーを侵してはならないという趣旨である。本条は刑事手続を直接の対象にするものであるから、行政的な臨検・差押には適用がない。しかし行政手続に対してもプライバシーの保護の必要はあるから、できるかぎり本条の趣旨は生かすべきであり、とくに刑事手続に移行する可能性をもつ場合には本条が適用されると解してよい（国税犯則取締法による臨検・差押には犯則の現行時のほかは裁判官の許可を要するとしている。最高裁は、刑事手続以外にも本条の令状主義の原則の適用を認めている（最大判昭四七・一一・二二）。本条の令状は、三三条による適法な逮捕の場合には、逮捕に伴う合理的範囲内では要求されない（たとえば、逮捕のため住居に立ち入るときは本条の令状は不要である）。国家の権力がつねに汚れのない手で合法的に行使されることを保障するためには、本条に違反して取得された物は、証拠とすることができないと解すべきであろう（判例は、令状主義の精神を没却するような重大な違法がある場合には、その証拠能力が否定されるとしている〔最判昭五三・九・七〕）。

(4) 拷問および残虐刑の禁止（三六条）　自白を得るための拷問は、権力の濫用の典型的なものであるが、過去の経験はそれが容易に絶滅しないことを教える。憲法はこれを「絶対に」禁止し、さらに拷問による自白の証拠能力を否定した（三八条二項）。同時に、拷問を行った公務員の刑を重くし（刑法一九五条・一九六条）、職権濫用罪について準起訴手続（不起訴処分のときは事件を裁判所の審判に付することを請求できる手続〔刑訴法二六二条以下〕）が認められたのも、拷問禁止を実効あらしめようとするものである。

残虐な刑罰とは、人道上残酷とみられるような不要な苦痛を内容とする刑罰である。死刑は生命を奪うもので残虐刑であるという意見もあるが、火あぶり、釜ゆでのような方法はそれにあたるが、死刑そのものは、立法政策としての当否は別として、現在の文化のもとでの国民感情からみて違憲とはいえないであろう（最大判昭二三・三・一二）。無期懲役も同じである（最大判昭二四・一二・二一）。なお、実際に生ずることはきわめて稀であろうが、罪刑の均衡が著しく不当な法律の規定、また具体的犯罪に対して宣告刑が著しく不均衡な判決、懲役刑などの執行の方法が残虐な場合など、広く立法、司法、行刑が本条に違反することもありうる。

(5) 刑事被告人の権利（三七―三九条） 刑罰は人の自由への強い侵害であるが、刑罰の必要性は否定できないので、それを科するにあたって、刑事裁判上、人権侵害を避けるためのいくつかの保障が認められる。日本国憲法は、刑事事件での被告人の権利を具体的に定めている。英米法的な当事者主義の手続の特徴が多くとりいれられていることが目立っている。

(ア) 公平な裁判所 被告人は、「公平な裁判所の迅速な公開裁判を受ける権利」をもつ（三七条一項）。本条は、個々の裁判の内容が公正妥当であるべきことをいうのではなく、「構成其他において偏頗の惧なき裁判所」であれば公平な裁判所といえる（最大判昭二三・五・五）。迅速な裁判の要請は、裁判官への訓示とともに、それを確保するような立法的措置を命じているところに重点があるが、著しく正義に反するほど遅延した裁判は違憲無効といえよう。最高裁判所は審理が一五年余も放置された事件で、憲法違反を理由として被告人免訴の判決を支持した（最大判昭四七・一二・二〇）。公開裁判の保障は八二条にもあるが、ここでは被告人の権利として明記され、かつての非公開の予審制度は認めない趣旨と解される。

(イ) 証人の審問 被告人は、すべての証人に対して直接に審問する機会を十分に与えられ、公費で証人を出廷させる権利をもつ（三七条二項）。すべての証人といっても、積極的理由があれば裁判所は、申請された証人を却下することを妨げない（最大判昭二三・七・二九）。本条にもとづき、被告人が審問する機会を十分に与えられなかったとき、その証人の証言は証拠にできないと解される。いわゆる伝聞証拠の禁止（刑訴法三二〇条）がそれである。もっともそれには例外が認められる（同三二一条以下）。公費による証人喚問申請権について、証人の旅費、日当などは公費の支給の範囲に入らず、他方で、出廷の強制の手続に要する費用は国庫が負担し、たとえ有罪判決の場合も、被告人に訴訟費用として負担させえないと解されよう（もっとも判例はそう解していない（最大判昭二三・一二・二七））。

(ウ) 弁護人依頼権　被告人は、資格を有する弁護人に依頼する権利をもち、自ら依頼できないときは国が国選弁護人をつける（三七条三項）。資格のある弁護人は、とくに当事者主義的裁判手続では不可欠ともいえるもので、この保障の重要性からみて、形式的に弁護人がついているのみでなく、実質上も被告人が十分に訴訟において弁護をうけうることを必要とすると解するのが憲法の趣旨にそうであろう。

(エ) 自己負罪の禁止　被告人はもとより、何人も自己に不利益な供述を強制されない（三八条一項）。いわゆる自己負罪（self-incrimination）禁止の特権あるいは黙秘権である。黙秘したことによって有罪を推定したりするような不利益をうけないことも含まれている。この保護は、供述のみでなく、自己に不利益な内容の物の提供にも及ぶと解される。そこで、行政法規で刑事責任を問われるおそれのある事項を報告、申告、登録、記帳させる義務を負わせること（たとえば、自動車事故の報告義務、麻薬取扱者の記帳義務）が問題になる。一般人に犯罪発覚のいとぐちになることの申告を義務づけることは違憲であるが、犯罪や災害を誘発するおそれからみて一般には禁止されている行為をとくに許可されている者は、そのかぎりで関係行政機関と協力する義務があり、その義務履行の際に自己の不利益を招くおそれのある事項を開示しなければならないとしても、やむをえないと考えられる（右の例を判例は合憲としている〔自動車事故の報告につき最大判昭三七・五・二、麻薬取扱者の記帳義務につき最判昭二九・七・一六〕）。黙秘権の保障は、刑事手続でなくても、実質上刑事責任追及のための資料収集に直接結びつく手続に及ぶと解される（最大判昭四七・一一・二二。国税犯則取締法による質問調査手続において憲法上の供述拒絶権が認められる〔最判昭五九・三・二七〕）。

(オ) 不任意の自白　強制・拷問・脅迫による自白、不当に長く抑留・拘禁された後の自白は、当然に任意でされたものでないとみなし、証拠能力がないものとされる（三八条二項）。刑事訴訟法は、さらに「任意にされたものでない疑のある自白」をも加えて、証拠とすることはできないとしている（三一九条一項）。偽計により心理的強制を加え、虚偽の自白が誘発されるおそれのある場合はその例である（最大判昭四五・一一・二五）。

(カ) 自白と補強証拠　任意性のある本人の自白であっても、それが不利益な唯一の証拠であるときは有罪とされない（三八条三項）。自白の偏重を避けて、補強証拠を要求したものである。ここにいう本人の自白に、公判廷における自白が含まれるか。判例は、公判廷の自白は任意性があり、裁判官が真実かどうかを判断できるから、補強証拠を要しないとする（たとえば、最大判昭二三・七・二九）が、公判廷の自白もそれのみを証拠とするときは誤判の危険を生むから、ここにいう自白は公判廷の内外を問わないと解する。刑事訴訟法はそのように規定している（三一九条二項）。したがって、被告人の有罪の答弁のみで有罪判決ができるアレインメント制度は、そのままでは違憲となろう（同三項参照）。共犯者の自白は、ここにいう「本人の自白」でないから補強証拠を要しないとするのが判例であるが、有力な少数意見がある（最大判昭三三・五・二八）。

(キ) 遡及処罰法・一事不再理　何人も、実行の時に適法であった行為について遡及的に処罰されることはない（三九条前段前半）。これは、近代法の原則であり、また罪刑法定主義の一側面である。行為時の刑罰より重い処罰を定める事後法で刑罰を科することも許されない（実行の時の最高裁の判例の解釈では無罪とされる行為であっても、判例の変更によりそれを処罰することは遡及処罰にならないが（最判平八・一一・一八）、場合によって判例変更の遡及効を認めないことがあってよい）。また、すでに無罪とされた行為について再び刑事責任を問われることはない（同後半）。確定判決による無罪をくつがえして有罪にすることを禁止したもの、すなわち一事不再理を定めたものである。下級審の無罪の判決に対して検察官が上訴するのを妨げるものではない（最大判昭二五・九・二七）。さらに、同一の犯罪について、重ねて刑事上の責任を問われない（三九条後段）。一事不再理とのちがいは必ずしも明らかでないが、同じ行為を前と異なる罪として処罰すること、すなわち二重処罰を禁止したものであろう。

経済活動の自由　資本主義体制をとっている以上、財産の私的所有の自由を中心とする経済的自由は重要な意味をもっており、国民の自由な経済活動を基本にして、国の経済的発展が行われるたてまえがとられている。しかし、他面、一九世紀のような高度の保障はもはや過去のものとなり、すでにみたように、この種の自由にはかなりの範囲で法的規制が加えられることが容認されている。憲法の明文でも、それらの自由には公共の福祉による制限が予定されているのである（アメリカで経済活動の自由の保障の中心的規定となった適正な法の手続によらないで生命、自由、財産を奪ってはならないという規定を母法とする三一条が「財産」をあげていないのも示唆に富む）。

最高裁判所は、のちにみる小売市場の許可制と薬局開設の距離制限についての事件の判決で、経済活動の自由、とくに営業の自由に関連し、国民の生命や健康のためのように社会公共の安全を目的とする消極的規制と、経済の発展のような政策の実現を目的とする積極的規制の二つに分け、後者には著しく不合理であることが明白な場合にのみ違憲とする強度の合憲性の推定を与える反面、前者にはこれより厳格な基準を適用し、立法の目的の必要性と合理性を審査するという態度を示した。これは示唆に富む見解であるが、積極と消極の目的の区別は不明確であるのみでなく、その内容もあいまいな点もあり、最高裁判所もこの規制目的の二分論をとらないとみえる例も少なくない（酒類販売業の免許制を合憲とした最判平四・一二・一五、たばこ小売業の配置規制を合憲とした最判平五・六・二五、共有林分割制限を違憲とした最大判昭六二・四・二二参照）。

(1) 居住・移転の自由（二二条一項）　居住とは住所・居所を定めることをいい、移転は本来それを移転させることであるが、一時的な移動すなわち旅行もこれに含ませてよい。封建制では人は土地と結びつけられていたのであるから、居住・移転の自由は近代的な意味をもつ自由権である。それが近代憲法で保障された主たる理由は、それがなくては自由に職業を選べないから職業選択を実質的に保障するところにあった。日本国憲法がそれを並列して保障しているのもその趣旨である。しかし現代において、それは単に経済的自由たる面のみでとらえるのでなく、人が身体的拘束をはなれて移転する自由として人身の自由と結びつき、また他人との交流によって人格形成に資する点で精神的自由や幸福追求権とつながる面のあることもみのがせない。前者の面において、公共の福祉を理由とする合理的規制が認められるが、後者の面では、公共的利益に対する危険が高度の蓋然性のある場合に制約できると解される（かつての伝染病予防法による強制隔離による居住制限は合理的規制であり、戦後の都会地転入抑制は一定の政策目的達成のための制限であるが、戦争直後の異常な事態を前提として合憲である）。

(2) **職業選択の自由**（二二条一項）　自己の職業を選び、それに従事する自由は、自由社会の特質である。これには営業の自由が含まれる。現代社会では、この自由には政策的見地から合理的な制約が加えられる場合が多い。職業に一定の資格を要求し（医師、弁護士など）、ある営業に行政機関の許可を必要とし（風俗営業など）、またある種の営業を国などが独占する（かつての郵便事業やたばこ製造事業など）ごときはその例で、政策としての是非は別として、恣意的規制でないかぎり合憲である。小売市場の許可制は、社会経済の調和的発展を企図するという観点から中小企業保護政策の一つの方策として合理性が認められるであろう（最大判昭四七・一一・二二）。しかし、公衆浴場の設置場所が適正を欠くときそれを許可しないことができるという公衆浴場法二条二項の規定について、浴場乱立による無用の競争から浴場の衛生設備の低下をきたすおそれがなくはないとして合憲とする（最大判昭三〇・一・二六）のは、合理性が疑わしい（のちに、保健衛生の確保とともに顧客の激減による経営難のもとでの厚生施設たる浴場の確保の目的をあげて合憲としている（最判平元・三・七））。薬局の開設についての距離制限は、不良医薬品の供給防止などの目的のための合理的な規制といえないので違憲であるとした（最大判昭五〇・四・三〇）のは妥当と思われる。

⑶　**外国移住および国籍離脱の自由**（二二条二項）　これらは経済的自由としての性格が稀薄で、むしろ、国際社会の発展に伴う人間の基本的自由とみてよい。したがってその制約にはそれだけ厳重な基準に合致することが要求されるであろう。移住とは、永久にもしくは相当長期にわたって外国に住所を移す目的をもって日本国の主権から事実上半ば離脱することである。したがって一時的な海外旅行の自由は、移住の自由ではなくて、二二条一項の移転の自由に含まれるとみてよい。現在の海外旅行には単なる経済的自由をこえる面がつよく、「著しく且つ直接に日本国の利益又は公安を害する行為を行う虞があると認めるに足りる相当の理由がある者」に旅券の発給を拒否できると定める旅券法の規定（一三条一項五号）について、判例は、それは公共の福祉のための制限で合憲であるとみる（最大判昭三三・九・一〇）が、拒否基準が不明確で、海外渡航の自由を侵すおそれが大きく、適用によって違憲となる場合があろう（最判昭六〇・一・二二参照）。

国籍離脱は、自由意思によって日本の国籍を離れることである。かつてどの国もこの自由をきびしく制限していたが、国際社会の発達とともにその自由が認められ、日本国憲法は、徹底した形でそれを保障した。しかしなお、無国籍者の生ずることを避けようとしている世界の現段階では、外国の国籍の取得を条件とすること（国籍法八条）は差し支えないであろう。

(4) 財産権の保障（二九条）

一八・一九世紀の憲法は、私有財産権を神聖不可侵のものとして絶対視し、その基盤のうえに資本主義体制が成立した。しかし、資本主義社会の成熟とともに、財産権の社会性が強調されることになり、多かれ少なかれ、その制約を認め、自由主義的資本制社会の修正を行っている。二九条の解釈においても、この財産権の現実の機能にてらしてみる必要がある。

まず、「財産権は、これを侵してはならない」ことが原則として掲げられる（一項）。それは、私有財産制を制度として保障するとともに、社会主義でなく、資本主義を基本とする社会構造をとることを明らかにしているが、具体的な権利の保障としての法的意味は少なく、二項・三項の解釈において指導原則として働くことになろう。

二項は、「財産権の内容は、公共の福祉に適合するやうに、法律でこれを定める」として、まさに、現代社会の財産権のあり方を示している。立法部は、公共の福祉を理由に広く財産権を規制する法律を定めうるのであり、不可侵の財産権も、その内容は政策的制約に服さざるをえない。立法部の判断は合理的であると推定されるから、その制約は違憲とされることが少ない（最高裁は、買収農地売払の対価が争われた事件で、法律によって定められた財産権の内容をのちの法律で変更する場合も、それが合理的とみられるときは、合憲としている（最大判昭五三・七・一二））。ただ、合理性を欠く恣意的な規制や正当でない差別的規制は禁止されている（最大判昭六二・四・二二）。そして、二項による内容の規制によってその財産権の価値が減少しても、政策として補償を与えるのはともかく、憲法上補償義務は生じない。

しかし、二項によって、財産権の内容を定めることは許されるが、公共のためであってもそれを剝奪し、または実質上剝奪にひとしい規制を加えることはできない。この場合は、三項によって正当な補償を支払う必要がある。これは単なる立法の指針ではなく、法律の定めがなくとも本項によって財産所有者は具体的な請求権を与えられると解する（最大判昭四三・一一・二七）。問題は「正当な補償」の額であるが、それは、客観的な事情を勘案して、所有者にとってその財産がどれだけの経済的価値をもつかによって算定される。通常は、財産の時価ということになろう。二項によりすでに合理的規制が加えられ、価値が減少しているときには、その客観的価額も低くなろう（もとより、収用を目的として価値を減ずるような規制を加えることは、その規制そのものの合理性が疑問とされよう）。農地改革について、判例は、それを公共のために用いるものとするとともに、農地買収対価は「合理的に算出された相当な額」で正当な補償にあたるとした（最大判昭二八・一二・二三）。しかし、この場合の対価を正当な補償というのは難しく、これは占領軍の政策にもとづき、しかも既存の不在地主による大農地所有制度を将来廃止するため、そのような財産をすべて国が奪う場合の特例として理解するのが適当である。最高裁判所も、のちに土地収用における損失補償は、収用の前後を通じて被収用者の財産価値を等しいものとする完全な補償である必要があるとしている（最判昭四八・一〇・一八）。

なお、三項が財産権の侵害に対する補償を定めるものであることは明らかであるが、最近では、この趣旨を本来侵してはならない身体や生命への侵害（たとえば、予防接種による健康被害）に及ぼすべきであるという主張がされている。もっとも裁判所は国の過失による損害賠償責任を認めたが、三項の類推適用は否定している（東京高判平四・一二・一八）。

4　社会権

◉問題の提起

憲法は、国民が法律の定めるところにより、能力に応じた教育を受ける権利をもつことを保障し、少なくとも義務教育を無償でうけられるものとする。ところで、この無償の範囲はどこまでか。それは、授業料をとらないことのみならず、教育を受けるに不可欠の教材費、とくに教科書代をも無償にすることを含むか。教科書代の返還と徴収禁止を求めた訴訟において、判例は、普通教育の義務制といっても、必然的に子女の就学に要する費用をすべて無償にしなければならないものと速断してはならず、憲法の規定は、子女の保護者に対して、教育を受けさせることにつき対価的意味をもつ報償すなわち授業料を徴収しないことを意味する、と解した（最大判昭三九・二・二六）。この解釈が正しいかどうか。これを考えるためには、教育を受ける権利のような、いわゆる社会権の法的性質を明らかにすることが必要である。

社会権　すでにしばしばふれたように、現代国家の任務は、人権として単に国家からの自由を保障するにとどまらず、貧困からの自由、欠乏からの自由、すなわち、国家の積極的行為を要求する人権を保障することにある。そこに現代福祉国家の理念がある。社会権はその意味で二〇世紀憲法としての特色をもつ人権である。日本国憲法は、全体として、自由権の保障に重点がおかれ、自由国家の憲法としての性格が濃厚であるが、いくつかの社会権を保障して、自由主義経済機構のもつ弊害を矯正していることは、注目してよい。もっとも、社会権については、それを充実させればさせるほど、伝統的自由権を制約しなければならない効果を伴うし（たとえば労働条件を法で定めることは、それだけ契約の自由を制限することになる）、さらに国家の積極的行為には財政的裏付けが必要である。したがって、現実の社会的・経済的状況からみてどの限度でそれを保障するかについて政策的考慮が働くことが多い点や、また、社会権の保障の意味について、プログラム規定として国政の指針であるものもあり、具体的権利を与えるとみられるものもあって、差異のある点は、その解釈にあたって注意を要するといってよい（社会権を中心とする国際人権規約A規約も、各締結国の立法措置に期待している）。

(1)　**生存権**（二五条一項）　国民が、健康で文化的な最低限度の生活を営む権利を有することは、福祉国家の不可欠の条件であり、この生存権は社会権の基礎にあるものといえる。しかし、この権利は、具体的な請求権を与えるものではなく、国家もこれに応じて具体的に義務づけられるわけではなく、したがって、現実の措置が個人たる国民にこの権利を実質的に与えていないときにも、訴訟によって救済を求めることはできない。判例もまた、すでにみたように、戦後の食糧管理制度が生存権侵害であるという主張を認めなかった（最大判昭二三・九・二九）し、いわゆる朝日訴訟でも、最高裁判所は、憲法二五条が個々の国民に具体的権利を与えたものでなく、具体的権利は憲法の規定の趣旨をうけて制定された生活保護法によってはじめて与えられるとしている（最大判昭四二・五・二四。いわゆる堀木訴訟で、年金や手当の併給制限について、その調整は立法の裁量の範囲に属するとして、同じ趣旨を明らかにしている（最大判昭五七・七・七））。

国家は、この生存権に対応して、「すべての生活部面について、社会福祉、社会保障及び公衆衛生の向上及び増進に努めなければならない」（同二項）という政治的義務を負う。具体的には、生存権を現実化する立法や施設を制定・拡充する責任を負う。この意味で生存権の保障は国政のプログラムを定めたものであり、国民の具体的権利は、国がその政治的義務にもとづき、生活保護法などの社会保障立法を行うことによって発生する。したがって憲法の保障のみでは法的意味が小さいが、国が憲法上のプログラムを実現することを政治的に義務づけられていること（その反面として国民は政治的にそれを要求することができること）、さらに法律の解釈上の基準となることは、みのがすことはできない。

(2) **教育を受ける権利**（二六条一項）　本条は、教育の機会均等とともに、社会権として教育を受ける権利を保障する。これにもとづき、国家は、国民が利用できるよう教育（主として学校教育をいうが、それ以外の教育も含む。これからは生涯学習が重要になると思われる）の施設その他を拡充させる政治的義務を負う。教育基本法、学校教育法、私立学校法、社会教育法、生涯学習振興法などはこの憲法の指針を具体化したものであり（本項が「法律の定めるところにより」と明示しているのも、教育を受ける権利の保障のプログラム的性格をあらわしている）、日本育英会法による育英奨学制度の充実もその趣旨にそうものである。とくに、普通教育についてはこれを義務教育とするとともに、無償とすることを定める（同二項後段)。憲法は、単に授業料のみならず、教育に必要な一切の費用を無償としたものと解される(本題のはじめにのべたように判例の立場はそれと異なる)。しかし、これも社会国家としてのプログラムを定めたのであるから、現実には法律の定めるところをまって実現されねばならない。したがって、たとえば、義務教育の諸学校における教科書の無償給与が立法措置によって漸次に実現されたのは、憲法の要求以上のことを行ったとみるのでなく、憲法の要請を具体的に制度化したものとみるのが適当であろう。

なお、判例は、この教育を受ける権利の背後には子どもの学習する権利という観念があり、それは、一三条とあいまって、一方で、子どもの自由かつ独立の人格としての成長を妨げるような国家的介入を排除するという自由権的側面をもつとしつつ、他方で、国は、子どもの利益やその成長に対する公共の利益にこたえるために、必要かつ正当な範囲内で教育内容を決定する権能をもつと判示している(最大判昭五一・五・二一)。

(3) **勤労の権利**(二七条一項)　すべての国民は勤労の権利をもつが、この権利も、働く意思と能力をもつ個々の国民が、働く機会を与えられることを具体的に請求できる権利ではない。本条は、国がそのような者に適当な職を与えること、もしそれができないときは雇用保険などの失業対策を講ずる政治的義務のあることを定めるものである。その義務に応じた立法がなされたとき、国民ははじめてそれにもとづいて具体的な権利を与えられる。職業安定法、雇用保険法などは、そのような立法の例である。

(4) **勤労条件の基準の法定**(二七条二項)　賃金、就業時間、休息その他の勤労条件は、私的自治にまかせるとき、勤労者の不利になるおそれがある。したがって、社会国家の要請に立って、国が積極的に立法によってその基準を定めることとし、その限度で契約の自由を制限した。この規定にもとづき、労働基準法は、勤労者が「人たるに値する生活を営むための必要を充たす」(一条一項)ための最低の基準を定め、最低賃金法は、賃金の最低額を保障している。

(5) **児童の酷使の禁止** (二七条三項)　児童労働は賃金などの点で使用者に有利なために、過去において劣悪な労働条件をおしつけた例が多いので、とくに注意的に規定されたものである。労働基準法は、この趣旨をうけて、年少者の労働条件についてとくに規定をおいている(五六条以下)。

(6) **勤労者の団結権、団体交渉権、団体行動権** (二八条)　自由放任主義のもとでは勤労者は経済的に劣位に立つために労働条件が悪化する可能性が大きく、したがって、勤労によってのみ生活を支える勤労者は団結することによってはじめて、使用者と対等になり、人間らしい生存を確保できる。社会国家は、この勤労者の要請を重視し、積極的にその団結を支持し、団体としての行動を通じて勤労者の立場をまもることを助けることになる。二八条はこのような趣旨に立っていわゆる労働三権を保障した規定である。この規定は、一面において、他の社会権と同じく、国がこれらの権利を保障するため積極的に立法その他の措置をする義務をもっており、この措置を通じて多くの具体的権利が発生する(労働組合法はその代表的な立法である)ということを意味するが、本条はこのようなプログラム規定たる性格をもつにとどまらない。それは、勤労者あるいはその団体に具体的権利を与えており、その権利の実効的な行使を妨げる公権力の発動に対して裁判上争うことができる。さらに、それが社会的な公の秩序をなすものとみられるから、その権利を否定する契約を無効にする根拠としても働きうるし、また正当な団体行動としての行為は、刑事上・民事上違法性をもたない（労働組合法一条二項・八条）ことも、本条の趣旨の実現である。このように労働三権は、社会権であるが、裁判規範としての性質をあわせそなえたものとして注目される。

団結権とは、労働条件の維持・改善のために使用者と対等の地位に立って交渉しうる団体すなわち労働組合を結成し、これに加入する権利である。結社の自由と同じ面をもつが、その目的の達成の必要から多かれ少なかれ組織強制（加入強制）が許される点に特色がある。その方法として、組合加入を雇用条件とするクローズド・ショップや、採用後一定期間に組合に加入しないと解雇されるユニオン・ショップがあるが、この強制の限界については問題がある。

団体交渉権とは、勤労者の団体が使用者と労働条件について交渉する権利であり、対等の立場で労使が交渉し、自主的に労働条件をきめるのが近代的労使関係のあり方である。団体交渉権の保障の効果として、交渉の結果成立した労働協約は、規範としての効力をもち、それに反する労働契約の部分は無効となる（労働組合法一六条）。

団体行動権とは、団体交渉における労使の対等の確保のため勤労者が団体として行動しうる権利であり、具体的にはストライキなどの争議を行う権利である。正当な争議の範囲、すなわち争議権の限界について問題は多いが、いかなる場合も暴力は許されないし（労働組合法一条二項但書）、また団体交渉の対象とならないことを目的とするもの（たとえば政治的目的をもつ政治スト）も正当とはいえないであろう。

労働三権の制限はどの程度に可能か。一般的にいって、合理的な制約は可能と解されるが、合理性の判断においては、社会国家のたてまえを考慮して安易に認定してはならないし、またたとえ合理的根拠を欠くものでなくても、政策として妥当かどうかを慎重に判断すべきであろう。判例が、「具体的に制限の程度を決定することは立法府の裁量権に属するものというべく、その制限の程度がいちじるしく……適正な均衡を破り、明らかに不合理であって、立法府がその裁量権の範囲を逸脱したと認められるものでないかぎり」合憲であるとする（最大判昭四〇・七・一四）のは、ゆるやかにすぎる基準と思われ、これによれば二八条違反の立法の生ずることはほとんど考えられないであろう。

実定法上、公務員、特定独立行政法人や地方公営企業の職員について労働三権の制約はきびしく、警察、消防などの職員は三権すべてが、非現業公務員は団体交渉権と争議権が、現業公務員と特定独立行政法人、地方公営企業の職員は争議権が否定されている（国家公務員法九八条等）。判例は、公務員は全体の奉仕者であるから、これらの制限は公共の福祉によるもので合憲としていた（最大判昭二八・四・八）。しかし、このような単純な論理は、憲法判断として適当ではない。最高裁判所は、のちに全逓東京中郵事件で、労働基本権の保障は公務員などにも及び、ただその職務内容にもとづいて必要最小限度の合理的制限に服するとし、必要やむをえない場合にのみ制限が許されるという考え方から、法律による争議行為の禁止は違憲とはいえないが、暴力の行使など不当性を伴わないかぎりその争議行為は刑事罰の対象にならないとして、労働基本権の保障を強めた（最大判昭四一・一〇・二六。都教組事件や全司法仙台事件（最大判昭四四・四・二）もそれを踏襲した）。ところが、全農林警職法事件で、最高裁判所は、公務員などの労働基本権も国民全体の共同利益の見地から制約をうけ、職務の公共性、勤務条件が国会で定められること、私企業とちがって市場の抑制力の働かないことからみて、争議行為を一律に禁止し、これに刑事罰を加えることも合理的であるとした（最大判昭四八・四・二五。この趣旨は岩教組事件（最大判昭五一・五・二一）でうけつがれ、ついに全逓名古屋中郵事件（最大判昭五二・五・四）で最も鮮明にされている）。公務員などの職務の停廃は公共の利益を損う可能性が大きいから、争議行為の禁止を直ちに違憲と断定するのは適当でないであろう。しかし、禁止違反に対して刑事罰を加えることは、全逓東京中郵判決のような限定解釈をすることによって初めて合憲となると解されるし、懲戒処分については、職務の性質、争議行為の目的、態様、影響など諸般の事情を勘案して、争議行為の違法性の程度と均衡を失するような処分を行うときは、適用において違憲となりうると思われる。

受益権

国家に対し、個々の国民が積極的に権利保護を請求できる権利が、古くから認められている。それに共通しているのは、これまであげたそれぞれの人権の実質的保障を確保する機能をいとなむことである。これらは、社会国家の理念にもとづくのでなく、自由国家の考え方から伝統的に認められたものであり、ここで説くのはところをえないかもしれないが、国家が一定の行為を行うことを要求するという積極性において共通の要素をもつので、便宜上ここで説明しておこう。

(1) **請願権**（一六条）　何人も、損害の救済、公務員の罷免、法令の制定・廃止・改正その他一切の公務に関する事項（もっとも、係属する裁判への干渉や判決の変更などは、性質上認められないと解される）について請願する権利をもつ。請願とは、公の機関に対する希望をのべる行為である。それは、請願した事項について審理したり、なんらかの判定を求めたりする権利を含まないから、法的効果はきわめて小さい。ただ、請願権の尊重の趣旨から、請願は「これを受理し誠実に処理しなければならない」(請願法五条)という訓示規定がおかれている。もともと請願は絶対君主の時代には民意を知らせる重要な意味をもっていた(「請願をしたためにいかなる差別待遇も受けない」という憲法の規定も、この時代には重要であったが、現在では当然のことである)が、参政権が認められ、言論の自由が確立されるとともに、重要性を失った。もっとも現在でも、代議制が十分に働かないとき、国民の意思や要望を直接に伝達するという社会的効果は認められる。

(2) **裁判を受ける権利**(三二条)　何人も、裁判所において裁判を受ける権利をもち、法的な権利義務の争いについて司法部の判断を受けることができ、裁判所は裁判の拒否ができない。もちろん、前審として裁判所以外の機関が司法的処分を行うことを妨げないが、当事者の欲するときは裁判所の裁判を受ける途を必ず開いておかねばならない。ここでいう、「裁判」は、八二条一項のような公開法廷における対審・判決を保障される純然たる訴訟事件のみでなく、それぞれの事件に応じた適正な手続の定められた広い意味の裁判(たとえば借地非訟事件の裁判)を含むと解される。なお、貧困者も裁判を受ける機会が奪われないよう法律扶助制度を拡充することが、本条の趣旨からいって望ましい。

(3) **国家賠償請求権**(一七条)　何人も、公務員の不法行為によって損害を受けたときは、国または地方公共団体に、法律の定めるところによって、賠償を請求する権利をもつ。明治憲法のもとでも、国の非権力的作用については、国は賠償責任を負うと考えられていたが、権力的作用（たとえば警察作用）には賠償責任が否定されていた。本条は広く国と地方公共団体が賠償責任を負うことを明らかにした。詳しくは、本条をうけて国家賠償法が定めている（最高裁判所は、郵便法六八条、七三条による責任免除、制限が憲法一七条に違反し、無効と判断している（最大判平一四・九・一一））。

(4) **刑事補償請求権**（四〇条）　誤った刑事手続により抑留・拘禁された者がのちに無罪の裁判を受けたときには、国に補償を求める権利をもつ。考え方としては国家賠償請求権と同じ趣旨のものである。しかし、国家賠償が不法行為の責任について認められるのに反して、刑事補償は、刑事手続がたとえ手続として適法であり、公務員に故意または過失がなくても、請求できるという、一種の無過失責任である点に相違があり、本条が「賠償」でなく「補償」というのはこのためである。この権利の内容は詳しくは刑事補償法によって定められている。

第8章 権力分立

1 国会

◉問題の提起

第一九回国会は、その会期の最終日に、会期延長の問題をめぐり議員の乱闘が起こって議場は大混乱となり、会議を正常に開くことができないままに、会期延長が議決された。その後、この延長された国会において成立して公布された警察法は、国会の閉会中に議決されたもので無効である、という訴訟が提起された。最高裁判所は、「同法は両院において議決を経たものとされ適法な手続によって公布されている以上、裁判所は両院の自主性を尊重すべく同法制定の議事手続に関する所論のような事実を審理してその有効無効を判断すべきでない」と判示した（最大判昭三七・三・七）。このような考え方は、多くの学説によって支持され、正しい見解であると思われるが、なぜそのような結論になるかについては、国会の自律権すなわち国会が国会内部のことを自主的に決めることのできる権限の範囲はどこまでかという問題とともに、さらに、国会の地位をどのようにみるか、三権分立のもとで国会と裁判所との関係をどう考えるかという問題を検討してみなければならない。以下に、日本国憲法のもとにおける国会の制度について概説しよう。

国会の地位と性格

国民の公選による議員を含む合議体を設け、立法、財政その他の国政に参与させる制度は、イギリスにはじまり、やがて立憲主義の一つの要素として普及し、近代の民主制のもとで重要な役割を果たしてきた。明治憲法も、統治権を総攬する天皇の立法権を協賛する権能をもつ帝国議会を設けた（五条）。日本国憲法は、主権者である国民を代表する機関として国会を設け、それを「国権の最高機関であって、国の唯一の立法機関である」と定めている（四一条）。

(1) 国民の代表機関

すでにのべたように、例外的に国民は主権者として直接に国政に参与する場合があるが、原則として、日本国憲法のとる民主制は間接民主制であり、国民は「正当に選挙された国会における代表者を通じて行動」する（前文一項）のであり、国会は何よりも国民の代表機関としての性格をもつ。憲法は、国会の両院が「全国民を代表する選挙された議員」で組織されるとしている（四三条一項）。したがって、議員は、国民の一部の利益の代表としてではなく、全国民の利益の代表として選出されたものであり、選挙人からは独立した地位をもち、その活動にあたって法的に選挙人の指図に拘束されないのみでなく、何人の命令もうけず、自主独立に職務を行うべきことになる。

ただ、このような全国民の代表者としての議員の独立性にもかかわらず、実際上、政党の発達によって、所属する政党による拘束がきわめて大きくなっている。その意味で現代の民主制は、政党という政治的結社を通じて国民の政治的意思が具体化される方式をとっているといってよい（そこで、議員とくに政党名で選挙される比例代表選出議員が当選後に所属政党を変更することには問題があろう）。この政党のもつ重要性からそれについて憲法上規定する例もある（たとえば、ドイツ基本法二一条）が、日本国憲法はそれに関する規定をおいていない（法律としては、政治資金規正法は政党の財政関係を規制しているし、最近の政治改革の一環として、一九九四年には政党に助成金を交付する政党助成法、政党の業務運営に資するための政党法人化法が制定されている）。

(2) 国権の最高機関　憲法は、国会を国権の最高機関であるとしているが、このことは、内閣や裁判所が国会に従属することや、国会の意思が他のすべての機関の意思に優越したり、国会の行動が他の機関の制約をうけないということを意味するのではない。したがってそれは、明治憲法において天皇が統治権を総攬する最高機関であったというような法的意味をもつものではない。これは、(ア)国家機関のうちで、国会は主権者である国民と最も密接なつながりをもってそれを代表するものであるから、当然に国政の中心になる重要機関であること、(イ)行政や司法が立法部の制定した法によって行われるところから、立法作用が原則として国家作用のうちで優位を占めること、(ウ)明治憲法のように議会が政府に対して弱い地位に立つのではなく、国会に強い発言権を与える議院内閣制を採用していること、(エ)行政国家といわれるような執行権の強化を抑止することが国会に期待されること、という一種のたてまえを示すものと解される。ただ、このたてまえからみて、憲法上どの機関の権限に属するか明らかでないものは、国会の権限に属するものと推定され、また、機関の意思の優劣の不明なとき（たとえば、法律と裁判所規則との効力のどちらが優先するかという問題）も、国会の意思が優先するものと推定してよいであろう。

(3) 唯一の立法機関

国会が国の唯一の立法機関であるということは、国家と国民との関係を規律する成文の法規（これを実質的意味の法律といい、第10章で説明する、国法の一つの形式である「法律」すなわち形式的意味の法律と区別される）の定立は、すべて国会が行い、しかも国会の議決のみで成立することを意味する。国の立法は国会が行うところから、明治憲法のもとで認められたような行政権が独自に立法する緊急勅令（八条）、独立命令（九条）は許されず、行政部の立法は、法律を執行するための命令と、とくに法律の委任にもとづく命令のみが許されるにとどまる。しかし、この原則に対して憲法自身が認める例外は、両議院の規則制定権（五八条二項）、最高裁判所の規則制定権（七七条）である。なお地方公共団体の条例は、国の立法でないし、住民を代表する議会の制定するものであるから、あえて例外とする必要はない。

立法が国会の議決のみで成立するから、明治憲法のように天皇の裁可は必要ではない。天皇の国事行為である公布は、すでに成立した法律を公示するのみで、立法に関与するのではない。この点の例外として憲法の認めるのは、地方特別法には住民投票における過半数の同意が必要であること（九五条）である。なお、憲法改正と条約も立法作用に属するものであり、この成立には国民あるいは内閣が関与するが、このような立法作用は、四一条の適用外のものと考えられる。

両院制　国会は、衆議院と参議院という二つの議院で構成される（四二条）。各国の実際をみると一院制の例もなくはない（日本国憲法の基礎となったマッカーサー草案が一院制であったことは注目される）。理論的には、民主化された一院が多少とも民主化の程度の低い他の院によって抑制されることは望ましくないという意見もなくはない。しかし、両院制は、議会制の母国イギリスのほか多くの国での経験からみて、多数党の横暴を抑えて、議事を慎重・合理的にするために役立ち、また選挙制度の現実からみて、国民の意思をできるだけ議会に反映させることにもなるという、むしろ実際的考慮にもとづいて支持されてきた（連邦国家においては連邦全体の代表と各支邦の代表という二院をおく特別の必要もある）。しかし、いずれにせよ、民主制のもとでどのような組織と権限をもつ第二院をおくかは問題になる。一般的には、政治的に重要性が高く、したがって政党の統制力も強く、「数の政治」の行われる第一院に対し、議員の独立性を広く認め、「理の政治」を行うことが、第二院に期待されているといえよう。日本国憲法は、両院制を採用した結果、衆議院と参議院とは、同時に活動し（のちにみる参議院の緊急集会を除く）、またそれぞれ独立に議事を行い、議決し（のちにみる両院協議会はこの例外）、両院の議決の合致したとき国会の意思が成立するという原則をとっている。しかし、その組織と権能において差異を認めて、両院制の意義を生かそうとしている。

(1)　**組織上の差異**　民主制の立場から、両院ともに「全国民を代表する選挙された議員」で組織され（四三条一項）、選挙は成年者による普通選挙による（一五条三項・四四条）。しかし、両院制を採用するところから当然のこととして、両議院の議員の兼職が禁止される（四八条）ほか、つぎの諸点で差異がある。(ア)衆議院議員の任期は四年で、しかも解散があればその期間満了前に終了する(四五条)。これに対して、参議院議員の任期は六年という長期で(四六条前段)、解散による終了がない。これによって議員の身分を永続的にして安定させ、第二院の議員にふさわしいものたらしめようとしている。さらに、全員を一時に改選せず、三年ごとに半数を改選することとしている(四六条後段)。これは、参議院の機能が継続性をもつことを確保しようとするものである。(イ)「両議院の議員の定数は、法律でこれを定める」(四三条二項)ことになっているが、公職選挙法は、衆議院議員の定数を四八〇人と定め、そのうち三〇〇人を小選挙区選出議員、一八〇人を比例代表選出議員としている。参議院議員の定数は二四二人とされ、そのうち九六人を比例代表選出議員、一四六人を選挙区選出議員とする(四条一項二項)。(ウ)両議院議員の資格は法律で定められることとする(四四条)。公職選挙法は、被選挙権の年齢について、衆議院議員のそれは満二五年以上であるのに対し、参議院議員のそれは満三〇年以上と定める(一〇条)。選挙区など選挙に関する事項は法律で定められることとされている(四七条)が、公職選挙法によれば、衆議院議員は、一人の議員を選挙する選挙区から選出される小選挙区選出議員と全国を一一のブロックに分けた選挙区から選出される比例代表選出議員に分けられ、参議院議員は、都道府県単位という大選挙区から選出される選挙区選出議員と、全国を通じて選出される比例代表選出議員とに分けられている(一二―一四条、別表一―三)。

(2) **権能上の差異**　両院制において両院の権能をほぼ等しくする方式もある(明治憲法はその一例)。日本国憲法は、憲法改正の発議の場合(九六条)と皇室の財産授受の議決の場合(八条)を除いて、つぎのように衆議院の優越を認め、いわゆる「跛行的両院制」を採用している。両院の意思が合致しないことにより国政が障害をうけることを防ぎ、その際にいっそう国民の意思を代表するとみられる衆議院の意思を重視したものである。(ア)法律案は、原則として両議院で可決したとき法律となる(五九条一項)が、衆議院で可決し、参議院でこれと異なる議決をした法律案は、衆議院で出席議員の三分の二以上の多数で再可決したとき法律となる(同二項)。参議院が、衆議院で可決した法律案を受け取ったのち、国会の休会中の期間を除いて六〇日以内に議決しないときは、衆議院は、参議院がそれを否決したものとみなすことができる(同四項)。この方法によれば、衆議院の意思のみで法律が成立する。(イ)予算の議決は、予算が行政といっそう密接な関係があるだけに、衆議院の優越が著しい。すなわち、参議院で衆議院と異なる議決をした場合に、法律の定めにより両院協議会を開いても意見が一致しないとき、または、参議院が、衆議院の可決した予算を受け取った後、国会の休会中の期間を除いて三〇日以内に議決しないときは、衆議院の議決のみで国会の議決があったものとされる(六〇条二項)。(ウ)条約の締結に必要な国会の承認については、予算の議決の規定が準用される(六一条)。(エ)内閣総理大臣は、国会の議決で指名される(六七条一項前段)が、衆議院と参議院とが異なる指名の議決をした場合に、法律の定めにより両院協議会を開いても意見が一致しないとき、または、衆議院の議決の後、国会の休会中の期間を除いて一〇日以内に、参議院が指名の議決をしないときは、衆議院の議決のみで国会の議決とする(六七条二項)。(オ)憲法が衆議院の優越を定めていることからみて、法律が、憲法の定める場合のほか、同様の規定をおくことも許される。国会の臨時会、特別会の会期の決定と国会の会期の延長は、両議院一致の議決でされる（国会法一一条・一二条）が、この場合、両議院の議決が一致しないとき、または参議院が議決しないときは、衆議院の議決したところによる（同一三条）。会計検査官の任命の同意についても衆議院の優越が定められている（会計検査院法四条二項）。

なお、両議院の意思が一致しない場合のことではないが、衆議院のみに内閣に対する信任・不信任の決議権のあること（六九条）、衆議院に予算先議権のあること（六〇条一項）も衆議院の優越であろう。参議院に特有の権能として、衆議院の解散中に緊急集会を開いて、暫定的な議決をする権限がある（五四条二項三項）。

国会議員の地位

国会議員の地位につき、その身分の得喪、特典、権能に分けてのべておこう。

(1) 国会議員の身分の得喪

国会議員の身分を取得するのは、選挙での当選を承諾することによる。その身分を失う事由としてはつぎのものがある。(ア)さきにのべた任期が満了したとき、(イ)衆議院議員については、衆議院が解散されたとき、(ウ)出席議員の三分の二以上の多数の議決により、資格がないと議決されたとき（五五条）、(エ)出席議員の三分の二以上の多数の議決により除名されたとき（五八条二項）、(オ)議院の許可を得て辞職したとき（国会法一〇七条）、(カ)被選挙資格を失い、または他の議院の議員となって、退職者となったとき（同一〇八条・一〇九条）、(キ)裁判所の判決により、選挙または当選が無効になったとき（公職選挙法二〇四条以下）、および当選人または選挙運動総括者等が一定の選挙犯罪で刑に処せられたとき（同二五一条・同条の二―四）。

(2) 議員の特典

国会議員には、その重要な職責が自由に履行されるように保障する趣旨から、憲法上つぎのような特典が認められている。

(ア) **歳費を受ける権利**　国会議員は、法律の定めるところによって相当額の歳費を受ける（四九条）。国会法は、その額を一般職の公務員の最高の給料額より少なくない額とし（三五条）、具体的な額や歳費以外の手当等について、別に「国会議員の歳費、旅費及び手当等に関する法律」で定めている。歳費は、かつては、職務を行うに必要な費用の弁償という性質をもっていたが、漸次議員の生活を保障する性格を強くしている。現代において議員の職務がますます専門化してきたところから、その額は相当でなければならない。しかし、他方、国の財政を決定しうる権能をもつ国会の議員として、お手盛りであるという疑惑をうけないよう留意する必要があろう。

(イ) **不逮捕特権**　国会議員は、法律の定める場合を除いて、国会の会期中逮捕されず、また会期前に逮捕されたときは、その議院の要求があれば会期中釈放される特権をもつ（五〇条）。ここでいう逮捕は、広く公権力による身体の自由の拘束を意味する。かつて、国王その他の政治権力をもつ者が、反対派の議員を逮捕してその議員としての活動を封じた経験から生まれた、歴史の古い特権である。現在でも、政治的目的をもつ不法の逮捕を防止する意味がなくはないが、議会政治の発達により国会の独立性が強くなったことをみると、逆にこの特権が、犯罪行為を行った議員を保護して正しい刑事司法の機能を妨害する働きをすることのないよう、考えねばならないであろう。

現在のところ、法律が不逮捕の特権の例外としているのに二つの場合がある。一つは、「院外における現行犯」の場合である（国会法三三条）。現行犯は、犯罪行為が明白で、不当逮捕のおそれが少ないからである。院内における現行犯の場合の処置は、院が自主的に行うことになる。いま一つは、内閣が、所轄裁判所または裁判官が提出した要求書の写しを添えて議院に逮捕の許諾を求め（同三四条）、議院がそれを許諾した場合である（同三三条）。議院は許諾の要求があったとき、逮捕の正当な理由があると認めても、国会の審議や運営の必要からこれを拒めるか。不逮捕特権の本来の意味や会期前の逮捕につき議院の要求による釈放を命じている点からみて、拒絶できると解釈される。しかし、この特権が現代においてむしろ刑事司法に悪影響をもたらすおそれが多く、とくに多数党によって乱用される可能性のあることを考えると、運用上は逮捕の正当な理由があれば許諾することが望ましいであろう。なお許諾するかどうかは議院の自律権に属するから許諾が得られなかったときにも法的には争うことはできず、政治的に争うことができるにとどまる。なお、議院は逮捕が正当と認めて許諾するときにも、それに期限や条件をつけることは許されると解すべきである（判例は、許されないとしている（東京地決昭二九・三・六））。

(ウ) **免責特権**　国会議員は、議院で行った演説・討論・表決について、院外で、民事・刑事・懲戒の責任を問われない（五一条）。国会議員としての本来の職務が何らの制約なしに遂行できるよう、一般国民以上の特典を与えたもので、議会制度上広く認められているものである（この免責は絶対的といえる特権であり、たとえ発言が名誉毀損にあたる場合でも議員は法的責任を負わない。議員の議院における発言もマス・メディアを通じて広く伝達されるから被害者に何らの法的救済もないのは問題であろう。判例は、議員の発言が職務にかかわりなく違法・不当な目的をもってされたり、虚偽であることを知りながらなされた場合には国の賠償責任を生ずるとしている（最判平九・九・九）。これらの行為について、院内において、議院がその秩序維持のため自律的に責任を問うことを妨げず、また、所属の政党がそれについて制裁を加えたり、国民が政治的・倫理的責任を問うことも、憲法の関知するところではない。議員としての本来の活動を自由にするために、この免責特権の範囲として、演説・討論・表決を厳格に解するのでなく、議員としての国会における意見の表明とみられる行為や議員としての職務に附随した一体不可分の行為にまで拡大されてよい（東京高判昭四四・一二・一七参照）が、院内の活動のすべてに及ぶわけではなく、犯罪行為までも免責特権の対象とするものではない。また、議院の自律権があるとしても、免責特権の範囲外の活動を犯罪行為として起訴するときに、議院の告発が必要であるとすることは、立法論としては採用が考えられるが、現行法の解釈としては無理と思われる（国会での乱闘の際の公務執行妨害が問題とされた事件において、下級審はそのように解している（東京地判昭三七・一・二二））。

(3) 議員の権能　国会議員は、所属の議院の活動に参加することができる。具体的には主として国会法によりつぎのような権能を与えられている。(ア)議案を、衆議院においては議員二〇人以上、参議院においては議員一〇人以上（予算を伴う法律案の場合はそれぞれ五〇人以上、二〇人以上となる）の賛成を得て発議できる（国会法五六条一項）。ただし、予算、条約について発議権はない。議案・予算の修正などについて動議を提出できる（同五七条等）。(イ)議題と関係なしに、内閣に対し質問することができる（同七四条以下）。(ウ)議題となっている議案について、委員長、発議者、国務大臣などに質疑することができる。国会において実際上政治的に重要な役割を演じているのは口頭の質疑である。(エ)議題となっている議案について、賛否の討論をすることができる（衆議院規則一三五条以下、参議院規則九一条以下参照）。(オ) 本会議および委員会などで表決に加わることができる。本会議の場合、出席議員の五分の一の要求があれば、各議員の表決は会議録に記載されねばならない（五七条三項）。

国会の会期　会期とは、国会が開かれていて活動できる状態にある期間をいう。国会が常時開かれており、会期に分かたれない制度も考えられるし、国権の最高機関がつねに活動しうることは望ましい面もある。しかし、従来の慣行もあり、また、会期に区切ることにより国会の仕事が能率的になる利点もある。憲法は、会期について明文を欠くが、常会のほか臨時会について規定していることは、会期制を考えているとみられる。そこで国会法は、会期を認めている。したがって、第何回国会として区切られることになっている。

会期が終了すると閉会となり、国会は活動能力を失うが、例外として、委員会は、議院が議決でとくに付託した案件について閉会中も活動できる（国会法四七条二項）。国会は会期ごとに独立して活動すると考えられており、会期中に議決に至らなかった案件は、閉会中継続審議することを議決したものを除き、後の会期に継続しない（同六八条。会期不継続の原則という）。この原則は明治憲法の時代以来の慣行であり、会期の独立性を認める点で意味はあるが、国会の能率からいって問題がなくはない。明治憲法三九条が明文で定めていた一事不再議の原則（一たび議決した案件については、同一会期に再び審議しないこと）について、明文を欠くが、原則としてそれは憲法上認められていると解してよい。会期についてで問題となるのはつぎの諸点である。

⑴ **会期の種類**　現行法は、召集の原因によって会期を三つに種別する。(ア)常会（通常国会と呼ばれることが多い）は、毎年一回召集され（五二条）、一月中に召集されるのが例である（国会法二条）。会期は、議員の任期満了、会期延長の議決のないかぎり、一五〇日間である（同一〇条）。(イ)臨時会は、臨時の必要に応じ召集される（五三条）。会期の長さは、両議院一致の議決で定める（国会法一一条）。この場合に、衆議院の優越が認められることはすでに指摘した。(ウ)衆議院の解散があったとき、解散の日から四〇日以内に衆議院議員の総選挙を行い、その選挙の日から三〇日以内に国会を召集しなければならない（五四条一項）が、この国会が特別会である。会期の長さは臨時会の場合と同じである。

⑵ **会期の開始と終了**　会期の開始については、法で定められた日に当然に開始させる方式、議会が自主的に集会する方式、行政部の召集によって集会する方式がある。日本国憲法は、天皇が内閣の助言と承認によって召集することにしている（七条二号）。ただし、行政部にのみ国会の活動しうる期間の決定を委ねるのではなく、いずれかの議院の総議員の四分の一以上の要求があれば、内閣は臨時会の召集を決定せねばならず（五三条後段）、この場合、内閣がその決定ののちその助言と承認により天皇が召集する。これは、国会における少数派の発言を保護しようとするものであり、要求があれば、召集の手続や準備に必要な相当の期間をおくとしても、速やかに召集すべきである。過去においてこの義務は必ずしも十分にまもられていない。もっともこの義務違反について、履行を強制する法的手段はなく、内閣の政治的責任を追及するほかはない。

国会の召集日は、同時にそれが成立し開会される日であり、会期の起算日となる（国会法一四条）。

開会中、国会またはその一院が、自らの意思で活動を休止することができる。これが「休会」である。一議院のみの休会は一〇日以内に限られる。明治憲法のもとで認められた、政府の一方的意思による国会の活動の停止（これを「停会」といった）は、認められない。会期の延長（国会法一二条二項により、常会は一回、臨時会と特別会は二回に限られる）は、両議院一致の議決によるが、ここでも衆議院の優越が認められることは前にふれた。会期の終了によって、当然に閉会となり、別段の行為を必要としない。

⑶　**衆議院の解散**　解散は、すべての衆議院議員に対しその任期満了前に議員の身分を失わしめることであるが、会期中の解散は同時に会期をおわらしめる効果をもつ。解散の場合、参議院はそれと同時に閉会となる（五四条二項）。

解散を形式的に外部に公示するのが天皇の国事行為であることはすでにのべた。実質的に解散を決定する権限は内閣にある。その根拠として、六九条の場合に、内閣が解散を決定しないかぎり総辞職しなければならないと読めるから、内閣の決定権が前提とされているといえる。しかし、何よりも、衆議院の解散という制度は、国政の重要問題について行政部と立法部とが意見の一致をみないときに、主権者たる国民の判断を待つという民主的性格をもつほかに、議院内閣制と権力分立に直結する意味をもっていることである。すなわち議院内閣制において、内閣は議会にコントロールされるが、衆議院の不信任決議に対抗する手段として内閣に解散権が与えられる。これはさかのぼれば、解散は、立法部が強大になることを行政部によって抑制し、両者の間の均衡を得させるという権力分立制のもとでの合理的制度であると考えてよい。このような理由にもとづいて、日本国憲法のもとでは必ずしも法文上明確でないが、内閣が天皇の形式的な解散権に先行する実質的解散権をもつといえる。なお一部には、衆議院が自律的に解散を決定できるという立場もあるが、議員全部が自発的に総辞職して総選挙を行わざるをえなくなるのは別として、少数議員の意に反して多数決で解散を決議し、それに法的効力を認めることは、現行法上は認められない。

解散がどのような場合に行われるかについても、憲法の規定は分明でなく争いがある。衆議院が内閣不信任決議案を可決し、または信任決議案を否決したとき、内閣は総辞職か解散かを選択できる（六九条）が、解散がはたしてこの場合に限られるか。さきにのべたように解散が、権力分立制、議院内閣制のあり方と結びつき、とくに民主制における重要な機能をもつというところからみて、六九条の場合に限らないと解すべきである（したがって、第二回の解散以後の先例は正しい）。もちろん、解散が重大な政治的効果をもつところから、それには十分の理由が必要である。しかし、重要問題について衆議院と内閣の意見が異なるとき、衆議院が民意を代表しているかどうか疑わしいとき、さらに、国家の重大事について国民の意思を確かめる必要のあるときなどには、解散が行われうると思われる。なお、同一の事由について重ねて解散が許されないことは当然である。ただ、解散によって総選挙が行われ、その後、新国会が召集されたとき、内閣は総辞職しなければならない（七〇条）から、このような二重解散はほとんど起こらないであろう。

(4) 参議院の緊急集会　解散によって衆議院議員が存在しなくなってから、総選挙後に新国会を成立させることができるまでの間に、国会の議決を要する緊急の必要が生じたときのために、参議院の緊急集会を開き、例外的に一院のみで国会の権能を代行できるものとした（五四条二項但書）。「緊急の必要があるとき」とは、総選挙後の特別会の召集を待つ余裕のないほどさし迫った国家的必要のあるときである。言葉の上では、明治憲法のもとでの緊急勅令の場合と同じく、公共の安全保持や災厄を避けるためという治安目的が主として考えられる（自衛隊の防衛出動はその一例である〔自衛隊法七六条参照〕）。しかし、平常的な仕事にも緊急性のある場合があろう（一九五二年には、総選挙と同時に行われる最高裁判所裁判官の国民審査の事務の管理のための中央選挙管理会委員の指名の必要から緊急集会が開かれている）。

緊急集会を求める権限は内閣のみに属する（国会の召集ではないから、天皇は関与しない）。したがって、緊急集会で取り扱われる案件を示すのは内閣の権能であり、議員は、示された案に関連あるものに限って議案を発議できるにとどまる（国会法一〇一条）。緊急集会は国会の権能を代行するのであるから、法律、予算など国会の権能に属するすべての事項を議することができるが、性質上参議院の単独の議決のみによりえないもの、たとえば憲法改正の発議は、そこでは許されない（これは緊急の必要の場合にも該当しないであろう）。緊急集会でとられた措置は応急臨時のもので、次の国会が召集されれば、速やかに提出され（召集当日に提出される例となっている）、開会後一〇日以内に、衆議院の同意がなければ、当然にその効力を失う（五四条三項）。

国会の議事　国会の会議については、憲法がその原則を定めるほか、国会法、さらに詳しくは衆議院規則、参議院規則が、議事や議決の手続を定め、またしばしば先例の働く余地が大きい。これらの手続を定める法は、会議を能率的に行うための技術性をもっているが、単に技術的なものにとどまるのではない。国民の代表である国会の意思が民主的に形成されるための手続法であって、これが正しくまもられることが必要である。わが国では、議事手続法を軽視する傾向があること、とくに、その法の目的を考えずに単に形式的にその手続をふめばよいとする傾向が強いことは、反省されてよい。国会の自律性の要求から、議事手続の違背はほとんど裁判所の判断になじまないものであるだけに、国会自身が、国民の代表として民主制の理念にそった会議を行う責任がある。ここでは、憲法のとくに定める原則についてのべる。なお、憲法は、「両議院の会議」すなわち、総議員の構成する会議（いわゆる本会議）についての原則を定めている。国政の複雑化に伴い、常任委員会、特別委員会の果たす役割が大きくなり、国会における実質的に重要な議事は委員会が果たすといってよいことに留意すべきである。

(1) **定足数**　議事を開き議決をするために必要とされる出席者の数を、定足数という。両議院の会議の定足数は、議事・議決ともに「総議員の三分の一」である（五六条一項）。総議員とは、現在議員数と解する立場が有力であるが、定足数が一定している利点のあること、三分の一は低い定足数であることからみて、法定の議員数と解してよい（先例もそうなっている）。憲法改正の発議の議決の場合は、発議に総議員の三分の二以上の賛成が必要である（九六条一項）から、当然に議決の定足数の例外となる。また委員会の議事と議決は委員の半数という異なる定めがされており（国会法四九条）、両院協議会の議事・議決の定足数は各議院の協議委員の各々三分の二である（同九一条）。定足数を欠く議事や議決が行われないように規則は配慮している（たとえば、衆議院規則一〇六条、参議院規則八四条）が、もしそのような議事や議決が行われたとき、その効力はどうか。それは違法のものであるが、のちにこれを争うことはできない。議事はもとより、議決も、議院が正当な議決があったと認定すれば、議院の自律権からみて、会議録の記載から明らかに議決の定足数を欠くことが認められるような一見して明白な場合を除いて、裁判所などの他の機関が定足数の有無を審査することはできないと解される。

(2) 会議の公開

国民がその代表者の行動や国会の活動状態を知ることができ、民意を反映した政治を実現するためには、国会の会議が国民の眼にさらされる必要があり、したがって会議は公開される（五七条一項本文）。それは民主制のもとでの議会にとって当然のことであろう。両議院は、会議を傍聴させるほか、会議の記録を保存し、原則としてこれを公表して、かつ一般に頒布しなければならない（五七条二項）。実際上、重要なのは、会議につき報道の自由が認められ、国民が新聞や放送などの報道によって会議の内容を知りうることである。公開の原則の効果として、その忠実な報道についてなんらかの法的責任を負わせられることはないと解される。

公開の原則の例外として、出席議員の三分の二以上の多数で議決したときは、秘密会を開くことが認められている（五七条一項但書）。明治憲法では、政府の要求または議院の過半数の決議で秘密会とすることができた（四八条）のに比較して、秘密会の要件がきびしい（本会議の秘密会の例はない）。秘密会の記録でも、とくに秘密を要すると認められる以外は公表され、頒布されねばならない（五七条二項）。委員会は、原則として非公開である。しかし、報道の任務のある者で委員長の許可を得た者は傍聴できる（国会法五二条一項）から、実際には公開に近いといえよう（ただ放送とくにテレビ報道への規制の程度は大きい。現在通信衛星を利用した国会審議の中継が検討されている)。両院協議会は、その性質上、秘密会である(同九七条)。

⑶　**表決**　両議院の議事は、憲法に特別の定めのある場合のほか、出席議員の過半数で決する(五六条二項)。ここで議事を決するというのは、議院の意思の決定であり、「議決」とあるときのほか、「同意」「承認」「承諾」などすべてを含む。ただ選挙は、その性質上ここに含まれず、過半数でなく、相対的に多数であればよいと考えられる。「出席議員」には、棄権者や無効投票を投じた者も算入されると解する。その結果、これらの者が反対投票と同じ扱いをうける点は問題であるが、これらを欠席とするのは合理的でないし(とくに棄権ないし無効投票が多数の場合、僅かの数で議院の意思がきまることも起こりうる)、積極的に議案に賛成していないから、反対投票とみても著しく不合理とはいえないであろう(先例もそのように扱っていると考えられる)。

過半数の原則の例外として憲法の定める場合は、総議員の三分の二以上の賛成を要求する憲法改正の発議(九六条一項)のほか、議員の資格争訟の裁判により議員の議席を失わせる場合(五五条)、秘密会を開く場合(五七条一項)、議員を除名する場合(五八条二項)、衆議院で法律案を再議決する場合(五九条二項)があり、いずれも出席議員の三分の二以上の多数を要する。

過半数で決する場合、「可否同数のときは、議長の決するところによる」(五六条二項)。委員会および両院協議会にも同じような規定がある(国会法五〇条・九二条二項)。決裁権をもつ議長は、理論上、議員として表決権をもつが、帝国議会以来、議員として表決に加わらない慣例になっている。その主な理由は、議長の中立性である。また決裁権は、議案について現状維持の側に投ずる慣例になっているが、これは必ずしも拘束性のあるものではない。

(4) 両院協議会

日本国憲法は、衆議院の優越という「跛行的両院制」を採用しているが、できるだけ両院の一致した議決が成立することが望ましいので、「両議院の協議会」（国会法では「両院協議会」という）を開くことを認めている。予算の議決、条約締結の承認、内閣総理大臣の指名にさいして両議院の意見が一致しないときは、憲法上これを開かねばならず（六〇条二項・六一条・六七条二項）、法律案の議決にあたり、衆議院が開くことを要求した場合、または、参議院が要求し衆議院が同意した場合にも開かれる（五九条三項、国会法八四条）。以上のほか、国会の議決を要する案件について、後議の議院が先議の議院の議決に同意しないとき、先議の議院が要求すれば開かれる（国会法八七条）。両院協議会は、各議院で選挙された各々一〇人の委員で組織され（同八九条）、その成案については、各議院ともに、可否を決しうるのみで、修正はできない（同九三条二項）。

国会と財政

国会の権限として、法律の制定、条約の承認、内閣総理大臣の指名などの重要なものがあるが、それらはそれぞれ別のところでのべるので、ここでは、財政に関する国会の権限を明らかにしよう。

立憲政治、議会制度の由来をみると、「代表なくして課税なし」といわれるように、課税と国費の支出という国の財政に対する国民の承認ということが重要な要因となり、財政への監督ということと密接に結びついて発達してきた。憲法第七章「財政」は、形式的な規定にみえるが、このような歴史の背景をもちつつ、財政の民主化を定め、とくに国の財政に関する最高機関として、国会による財政の監督を著しく強化・拡大したものであって、きわめて重要な規定を含むのである。その基本原則をあらわしたのが八三条であり、それは、国の財政を処理する権限をすべて国会の議決にもとづいて行使させることとし、財政に関する行政権の作用を完全に国会の監督のもとにおく趣旨である（もっとも、実際上は財政金融について行政とくに財務省の権能が強く、また必ずしも国会のコントロールが十分でない財政処理が漸増しており、なかでも財政投融資は最も問題である。これらについて改革が論じられている）。この国会の議決には、税法の議決のように一般的・抽象的基準を定めるもののほか、国庫債務負担行為の議決のように、具体的・個別的な内容を定めるものがあることは、注目してよい。この国会中心の財政という原則は、いくつかの原則を派生させている。

(1) 租税法律主義　新たに租税を課したり、現行の租税を変更したりするには、法律または法律の定める条件によらねばならない（八四条）。国民の権利義務に関することは法律によらねばならず、国会は唯一の立法機関であるところから当然であるが、課税に同意する国会の権限の重要性と、国民の納税負担の重大さから、とくに明記している。租税法律主義は、租税の種類や根拠のような基本的事項のみでなく、納税義務者や税率などの課税の実体的要件はもとより、賦課や徴収などの手続もまた法律で定められることを求めている。そしてこの定め方も憲法の枠があり、とくに平等権（一四条）の問題が重要である（租税特別措置がこの点で問題になる）。税法を法律で定めるといっても、細目に至るまで法律によることは実際的でない。憲法は「法律の定める条件」によることを認めているが、ある範囲で他の法形式によることを許したものと解される。しかし、租税法律主義の原則からみてこの委任の許される範囲はきわめて狭いと考えられる（通達課税はこの点で問題になる（最判昭三三・三・二八参照））。一般に租税に関する法律の規定が著しく詳細で具体的であるのはこのためである。ここに租税というのは、狭義の租税のみでなく、公権力によって一方的に定められ、国民から徴収される金銭で単なる報償以上の意味をもつもの（たとえばかつて国の専売であったときのたばこの専売価格）を含む。財政法三条は、広く国が国権にもとづいて収納する課徴金、法律上または事実上国が独占する事業の専売価格や事業料金が法律または国会の議決にもとづいて定められなければならないとしている。これは、憲法の趣旨をふまえて、財政民主化をいっそうすすめたものである。租税法律主義の例外は地方税であり、その原則的規定は地方自治法と地方税法にあるが、具体的には条例に委ねられている。しかし、地方税の特殊性と地方自治の本旨からみて、憲法の趣旨に反しないと解される。関税の一部に、条約で決定されるものがある（関税法三条但書）。これも関税の特殊性および条約の形式的効力の優位からみて、憲法上問題はないであろう。

(2) 国費の支出と国の債務負担行為の議決権　国費の支出と国の債務の負担は、国会の議決にもとづく必要がある（八五条）。国費の支出には、支出を必要とする行為をなす権能または義務が政府になければならず、これは法律で定められるが、そのうえにそれに伴う支出について別に国会の承認を要するのである。支出に関する国会の議決は予算という形式でされる。予算という法の形式については第10章でのべる。国の債務負担も、結局は国民の負担になるのであるから、公債発行、借入金その他すべての債務負担行為について、法律または予算の形式によって、国会の議決をうけなければならない。

(3) 決算の審査　決算は、一会計年度の現実の収入・支出を計数で表示したもので、国の財政の監督の実効性を確保するためには、決算のコントロールが重要である。憲法は、国の収入・支出の決算を、すべて毎年会計検査院が検査し、内閣は、次の年度に、その検査報告とともに、これを国会に提出するものとしている（九〇条一項）。決算は閣議によって成立し、会計検査院（その組織と権限は会計検査院法で定められる（同条二項））の検査・確認を経たのち、さらに国会が審査する（財政法三九条・四〇条）。国会の審査は、議院別々になされ、両院の合意を要しない（したがってその議決も内閣の政治的責任を問うもので、法的効果はない）。

(4) 内閣の財政報告　国会と一般国民は、国の財政に関心をもち、それを批判できることは財政民主化のため必要であるから、憲法は、内閣に、定期に、少なくとも毎年一回、国の財政状況を国会と国民に対して報告する義務を課し（九一条）、財政公開の原則を明らかにしている。

(5) 財政に関する特殊の問題　財政に関して憲法は特殊の原則を認めている。

(ア) 皇室財政の民主化　かつての皇室の財産関係が公私の別が不明確であり、また巨大なものであったことへの反省から、皇室財産はすべて国有とされる（八八条前段）。もっとも皇室の私有財産は認められ（たとえば三種の神器のような皇位とともに伝わるべき由緒のある物や日常生活の必需品）、また皇居・離宮などは、国有財産であるが、皇室の用に供される特殊の財産である。さらに、財産関係で皇室が疑惑をうけたり、特定の者と好ましくない結びつきができたりしないよう、皇室の私的な財産の授受は、国会の議決にもとづくものとする（八条）。そして、皇室の費用は、国が負担するものとし、毎年予算に計上して国会の議決をうけるものとされる（八八条後段）。皇室費には、天皇・皇后および内廷にある皇族の自由に使用できるお手許金である内廷費、行幸・儀式などの費用を含む公金である宮廷費、内廷にある皇族以外の皇族の私産として自由に使用できる皇族費とがある（皇室経済法三条）。

(イ) 宗教および私的な慈善・教育・博愛事業の国家財政からの独立　公金や公の財産は、宗教団体のため、または公の支配に属しない慈善・教育・博愛の事業に対して、支出し、利用させてはならない（八九条）。前段は、すでにのべた国家と宗教の徹底的な分離を保障し、信教の自由を確保しようとするものであって、後段とは区別して考えるべき厳格な憲法上の禁止の規範と解される。後段は、国家の財政的援助に伴う支配権によって私的事業の自主性を害することを防ぐ意図である。その意図は望ましいが、日本の現状ではある程度の国家的援助が、自主的に運営される事業にも必要なことが少なくない。憲法の文言にそわないかもしれないが、「公の支配」の程度と財政的援助を相関的にとらえ、人件費のような事業の経常的部分にまで援助をうけることは、人事、予算、事業の執行について国の支配をうけるものでなければならないが、科学研究費のような非経常的な助成は、ある程度の公の監督をうける自主的事業にも与えられると解される。このように解しても、現在の私立学校に対する助成（私立学校法五九条）は憲法上疑義がある。

各議院が独自に単独で行いうる権限として、他のところでのべるもののほか、つぎの諸事項がある。

議院の権能

(1) **国政調査権** 両議院は、国政に関する調査を行うことができる（六二条）。立法その他国政上重要な機能をいとなむ国会の議院が、それを適切に行うことができるための補助的権能として認められたものである。国会の権限と関係のない独自の権能ではない。もっとも、国会の立法権は広い範囲にわたるし、財政に関する権限も多岐にわたり、行政権の行使についても広く監督権をもつところから、実際には、この調査権の範囲は国政の全般に及びうるといえる。しかし、まず権力分立のたてまえからいって、調査権の名のもとに、他の部の権限を侵すことはできない。たとえば、現に行われている犯罪捜査を妨害するような調査はできないし、現に係属している裁判事件についての調査も事実上不当な影響を司法権の独立に及ぼすもので、許されない。確定した裁判事件についても、その具体的な判決の当否を調査することはできないと解される（この点は、一九四九年にいわゆる浦和事件として、子を殺して自首した母に対する量刑が妥当かどうかを参議院法務委員会が調査し、最高裁判所と対立したことがある）。また、国民の思想の自由や学問の自由を侵すような基本的人権を侵害する調査が許されないのもいうまでもない。

調査の方法として、憲法は「証人の出頭及び証言並びに記録の提出」を要求できるとする（六二条）。この強制の内容は、いわゆる議院証言法（「議院における証人の宣誓及び証言等に関する法律」）で定められ、宣誓した証人の偽証、正当な理由なくして出頭、宣誓、証言または書類提出を拒否することは処罰される。この罪で起訴するためには、議院（または委員会）の告発が必要である（最大判昭二四・六・一）。調査の方法は、このほか、議員の派遣（国会法一〇三条）などがありうるが、刑事訴訟法にみられる捜索、押収のような強制手段は、法律によっても認められないと解する（札幌高判昭三〇・八・二三参照）。

(2) 議員の資格争訟の裁判　議員の選挙に関する争訟は裁判所で行うが、その資格要件をそなえているかどうか（被選挙権があるかどうか、兼職を禁止されている職務に任ぜられていないかどうか）は、その議院が裁判する（五五条）。手続は裁判的に行われるが、争訟は本会議で議決される。資格を失わせるには三分の二の特別多数を要することは前述した。この裁判からは司法裁判所へ訴えることはできないと解される。

(3) 議員の懲罰　議院は、院内の秩序を乱した議員を懲罰することができる（五八条二項）。懲罰は、院内の秩序を維持するために議員に科せられる特殊の制裁で、公開議場における戒告・陳謝、一定期間の登院停止、除名（これには三分の二の特別多数決が必要なことは前述した）の四種類がある（国会法一二二条）。この懲罰の議決を裁判所で争うことができるかどうかは問題である。地方議会の懲罰のうち除名という身分の喪失を伴うものについては肯定する判例がある（最大決昭二八・一・一六。これに反して出席停止のような懲罰は内部規律の問題で司法審査は及ばないとする（最大判昭三五・一〇・一九））が、国会については、議院の自律性を保障するため憲法が認めた権能であるから、裁判所の審査権は及ばないと解される。

(4) 役員の選任

議院は、各々その議長その他の役員を選任する（五八条一項）。これも議院の自主性のあらわれである。ここにいう役員とは、議院の運営にあたる重要な地位にある職員を意味するが、具体的には明確でない。国会法は、役員として、議長、副議長、仮議長、常任委員長、事務総長をあげる（一六条）。議員でない者から選ばれる事務総長は、憲法にいう役員ではなく、国会法が職務の重要性から、それに準ずる扱いをしていると解してよいであろう。

2 内閣

◉問題の提起

戦後に生まれた新しい行政機構として、いわゆる独立行政委員会がある。人事院や公正取引委員会がその例である。これらは、複雑な社会から発生する問題には伝統的な権力分立制にもとづく組織や権限では能率的に処理できないものがあること、また、政治的中立性や高度の公平性を要求されたり、あるいは特殊な技術性を必要とするため独自の機構が適切であること、などから生まれたのである。そしてその共通の特色として、その職務が独立して運営され、内閣の指揮をうけないこと、合議体の機関であって、構成員の身分の保障があることをあげうる。そこで、憲法上、行政権を内閣に属せしめた六五条や、内閣が行政権の行使について国会に責任を負うとする六六条に違反するのではないかという問題が生ずる。行政委員会が内閣の「所轄」に属し（たとえば人事院につき、国家公務員法三条一項）、内閣が人事権と予算権を通じて監督し、したがって責任も負うことを理由に合憲とする見解があるが、はたしてそう考えてよいか。これについては、日本国憲法における行政権のあり方を考えてみる必要があろう。

行政権

明治憲法では、天皇が広く行政権を行使したが、これを「輔弼」したのは国務大臣であった（五五条）。実際には国務大臣の合議機関である内閣がその任にあたったが、それは憲法的根拠を欠くのみならず、軍部、貴族院、枢密院などから制約をうけ、また議会に対する責任も十分でなかった。日本国憲法は、内閣を行政権の最高機関として、自ら多岐にわたる行政権を行う主体とし、その組織、権能、責任を明確にしている。

「行政権は、内閣に属する」（六五条）とは、実質的意味の行政を行う権能が内閣に帰属する原則を示し、立法権（四一条）、司法権（七六条）の帰属とならんで、権力分立を明らかにするものである。実質的意味の行政とは何かを積極的に定義することは難しい。近代国家の行政はきわめて多様である。道路や河川の工事、病気の治療、警察力による集会の解散のように事実としての行為（そこにも権力的性格のものもあればそうでないものもある）が多い。しかしまた、営業の免許や租税の賦課のような行政上の決定または処分が含まれ、これらは、抽象的な法規範を具体的に適用して当事者を法的に拘束する効果をもち、やや司法に近い性質をもつ。これらを通じて、行政が、法にしたがいながら、国家の目的の積極的実現を目標として現実に行われる、統一的・継続的な国家活動としての性質をもつといえるが、その概念がすべての行政をつくすに十分かどうかは疑問である。結局は、成文の抽象的・一般的法規範を定立するという立法作用、具体的争訟に法を適用してそれを裁定するという司法作用を除いた国家の働きがすべて行政であるとする消極的な捉え方をとるほかはないであろう。

このような実質的意味の行政を行うのは内閣であるが、内閣がそれを独占するのではない。天皇の行う国事行為（六条・七条）、会計検査院が独立して行う決算の検査（九〇条）のような、憲法の定める例外を除いても、なお多くの行政事務が、行政各部の機関によって行われる。したがって内閣は、結局行政権の中心となって、その全体を統轄し、行政を本来の機能とする最高機関であるということになる。このことから、他の行政機関が、内閣の統轄に服せず、内閣からまったく独立することはできない（会計検査院のように憲法自らの認める例外は別である）。このように、すべての行政が内閣を中心にして統一され、その内閣が国民の代表としての国会に責任をもち、国会のコントロールに服するところに、民主的責任行政の原則の意味があるのである。しかし、行政機関に対する内閣の指揮監督権は均一のものではない。多様な行政作用のうちには、その性質上、民主的責任行政の原則を修正しなければならないものもある。独立行政委員会は、その設置される目的からみてその職務に独立性が要求されるのであり、その限度で内閣の監督権が弱いことは、憲法上容認される（さらに、これらについて国会自身が、構成員の任命の同意権あるいは訴追権をもつことによって民主的コントロールを行うことも、注目してよい）。また、検察行政・教育行政（とくに大学の自治を享有する国立大学の管理）・放送行政などが、政党的な支配から独立すべき本質的要請のある作用であるところから、その限度で内閣から独立する地位を与えられることも、憲法の禁ずるところではない。

現代の国家が積極的に政策を社会に実現する役割を担うことになると（行政国家と呼ばれることがある）、強力な官僚制を基盤とする行政権に対して国会の民主的コントロールが及びえない状況を生みだす。結局は、主権者である国民によるコントロール（これが議会や裁判所の力を頼ることもあるが）が重要になる。この点でこれから検討されねばならないのは、一つは情報公開制度の発展であり、いま一つは迅速的確に国民の苦情を処理するオンブズマンの制度であると思われる。

議院内閣制　行政部が立法部に対してどのような関係に立つかについては、種々の型がある。権力分立をとらず両者を集中させ、行政部を立法部に完全に従属させるもの（人民民主主義国の政府はこの例）、権力分立を徹底させ、行政部を立法部から厳格に分離独立させつつも、行政権の中心となる大統領を民主的に選ぶもの（アメリカの大統領制）、両者を分離させるが、行政部が君主の信任にもとづいて進退を決するもの（官僚〔超然〕内閣制といわれる。法的には明治憲法はこれをとる）などがそれである。日本国憲法は、これらではなく、立法部と行政部とが共働しつつ抑制しあうという、イギリス型の議院内閣制を採用する。それは、内閣は国会（とくに下院）の信任によって在職し、下院はいつでも不信任決議をもって内閣を倒しうるが、これに対して内閣は下院を解散して国民の意思を問いうるというやり方である。日本国憲法は、このような議院内閣制の根本原則を含めて、つぎのような具体的規定をおいている。

(1)　**内閣総理大臣の指名**　「内閣総理大臣は、国会議員の中から国会の議決で、これを指名する」（六七条一項）。この規定は、内閣総理大臣が指名されるときのみでなく、在職中つねに国会議員でなくてはならず、除名などにより国会議員でなくなれば、内閣総理大臣としての地位を失うことを意味するとみられる（衆議院の解散から、総選挙後の新国会召集のときに総辞職するまでは、その性質上からいって地位を失わないと解すべきである）。法的には参議院議員から指名することができるが、憲法上第一院の地位を占める衆議院に議席をもつ者から選ばれるのが憲法の趣旨であることはいうまでもない。国会の議決で指名するとは、国会が選挙することと同じである。かつて、文字どおり、指名の手続と、指名で定められた者について議決する手続とを二重にしていたが、無用であるばかりでなく、不都合なことも生じうる（一九四八年に、参議院において決選投票で指名された者について議決したところ、それが否決されたことがある）。現在は、指名手続は投票のみで完了する。この指名について衆議院が優越することはすでにのべた。したがって実際上は、内閣総理大臣は、衆議院がきめることになり、衆議院で多数を占める政党（または政党の連合）の首領とされる者がその地位を占めることになる。

(2) **国務大臣の資格**　国務大臣の過半数は、国会議員でなければならない（六八条一項但書）。国務大臣は内閣総理大臣と異なり、国会議員でなくてもよく、また国会議員でなくなっても辞任する必要はない（それによって国会議員である国務大臣が過半数を欠くにいたるときでも、その者が当然に辞任する必要はない）。しかし、本条によって、内閣としては、それが成立するときのみでなく、存続するための要件が定められている（衆議院解散ののちが例外であることは、(1)の場合と同じ）と解されるのであり、議院内閣制を実質的に保障しているものである。とくに国会議員に適任者のないときを除き、なるべく多くの国務大臣が国会議員であるという議院内閣制のもとでのあるべき内閣の姿を期待しているものとみてよい。国会議員であるから当然に参議院議員を含むが、参議院の性格や議院内閣制の要請から、国務大臣は第一院である衆議院議員から選ばれるのが原則と考えてよく、実際上も圧倒的多数の国務大臣が衆議院議員である。

(3) **衆議院の不信任**　衆議院が不信任決議案を可決または信任決議案を否決したとき、内閣は、一〇日以内に衆議院を解散しないかぎり、総辞職しなければならない（六九条）。これは、いうまでもなく議院内閣制の核心をあらわすものである。すなわち、内閣は衆議院の信任にもとづいてはじめて在職しうること、信任を失ったときには、解散により直接に国民に訴える道が開かれていることが、そこで示されている。

(4) **内閣の総辞職**　内閣総理大臣の欠けたとき、または、衆議院議員の総選挙ののち新国会が召集されたとき、内閣は総辞職しなければならない（七〇条）。内閣の中心を占める首長として国会の指名した内閣総理大臣が死亡、失格、辞職などによって欠ければ、新たに国会の信任する者を中心にして内閣を組織するのが当然である。また、さきに内閣総理大臣を指名した衆議院の構成員の全体が改選されたときも、内閣はそれまでの存在の基礎がなくなったのであるから、総辞職すべきである。いずれも議院内閣制からみて当然のことといってよい。

なお、内閣が総辞職したときには、国会は、「他のすべての案件に先だって」速やかに新しい内閣総理大臣の指名を行わねばならない（六七条一項）。もっとも、指名を行う前提となる案件、たとえば議長その他の役員の選任などは、指名の前に行ってよいであろう。また、内閣が総辞職をした場合も、新たに内閣総理大臣が任命されるまで、従前の内閣が引き続きその職務を行う（七一条）。この総辞職後の内閣も法的には正常の内閣と権限は同じである。しかし、一種の残務整理的仕事を行う意味をもつから、たとえば衆議院の解散のようなことを行うのは政治的には妥当でないといえる。

(5) **内閣の責任**　内閣は、行政権の行使について、国会に対し連帯責任を負う（六六条三項）。もとより、内閣は実質的意味での行政権の行使のみでなく、その権能に属するすべての事項（天皇の国事行為の助言と承認についての責任は、三条にきめられている）につき国会に対して責任を負う。この責任は、内閣を組織するすべての国務大臣が一体として負う連帯責任である。このことから、内閣は外部に対して統一した意思で行動しなければならず、閣議決定は全員一致によることが慣例であり（決定には連帯責任を負うとしても、個々の案件について多数決で足りるという意見もある）、閣議の決定に服しえない閣僚は辞職するほかはないことになる。本条の定める責任は、大臣弾劾制度のような法的強制手段が認められない以上、法的なものでなく、政治的な性質をもつといえる。しかし、国会は、質疑や質問などで内閣の行動を国民の前で批判し、究極的には衆議院の不信任決議により、解散か総辞職かの選択をせまりうるから、かなり強い強制力によってうらづけられていると考えてよい。内閣に連帯責任があるからといって、その所管事項について負う各国務大臣の個別責任がなくなるわけではない。この両者の責任の範囲を分ける考え方もあるが、内閣が行政の全体に責任を負うところから、内閣は各大臣の所管事項についても連帯責任を負い、ただ政治的にいずれの責任を追及するかは、国会の判断にまかされていると解される。

(6) **議案提出権**　内閣総理大臣は、内閣を代表して、議案を国会に提出する（七二条）。議案には、のちにみるように法律案や憲法改正案をも含む。大統領制のもとでは、行政部にこのような議案提出権がないのが原則である。

(7) **国務報告権**　内閣総理大臣は、内閣を代表して、一般国務および外交関係について国会に報告する（七二条）。なお、内閣は財政状況についても、毎年少なくとも一回、定期に国会に報告しなければならない（九一条）。

(8) **国務大臣の出席**　内閣総理大臣その他の国務大臣は、議院に議席をもつと否とにかかわらず、いつでも、議案について発言するため、議院に出席する権利をもち、また逆に、答弁または説明のために出席の要求があれば、議院に出席する義務がある（六三条）。これも、大統領制にみられない、議院内閣制の特徴である。

内閣の組織　内閣は、首長である内閣総理大臣およびその他の国務大臣（一四人以内であるが、特別の必要があれば三人を限度に増員できる）で組織され、その組織の詳細は法律で定められる（六六条、内閣法二条）。各大臣は、内閣の構成員（いわゆる閣僚）であると同時に、主任の大臣として、行政事務を分担管理する（内閣法三条一項、国家行政組織法五条）のが普通であるが、行政事務を分担管理しない大臣（いわゆる無任所大臣）をおくことを妨げない（内閣法三条二項）。現行法上、各省大臣たる国務大臣以外の大臣も、内閣府または各省にその外局としておかれる委員会・庁の長として行政事務を担当することが認められている（国家行政組織法三条三項。したがって、これらは純然たる無任所大臣ではない）が、法律は、内閣法にいう「主任の大臣」を、内閣総理大臣と各省大臣に限っている（同五条）。なお、国務大臣という言葉は、場合により異なる意味に用いられる。広くは閣僚全部を意味し（九九条の場合）、狭くは内閣総理大臣以外の閣僚を意味し（七条五号・六八条などの場合）、さらに狭くは、内閣総理大臣と各省大臣を除く閣僚を指す。

内閣総理大臣その他の国務大臣は、文民（civilian）でなければならない（六六条二項）。九条によって一切の戦力が放棄されたと解する立場からは、日本には武官は存在せず、したがって「文民」とは、せいぜいかつて職業軍人であった経歴をもたない者を意味し、この規定は、追放制度を恒久化した効果をもつにとどまろう。しかし、九条によっても自衛のための戦力の保持は禁止されないと解するならば、日本国憲法のもとで武官といえるものが存在する。したがって、本条は、他の国務大臣はもとより、防衛の事務を担当する大臣もまた武官でない者でなければならず、軍に対する文民支配の原則を確立したものと考えられ、明治憲法のもとで陸海軍大臣の武官制が軍国主義を育てる一要因となったことへの反省があらわれていると思われる。

内閣を組織する構成員を、内閣総理大臣とその他の国務大臣に分けてその地位をみてみよう。

(1) **内閣総理大臣**　明治憲法においては内閣総理大臣は、内閣の統一をはかり、それを代表する地位にあったが、いわゆる「同輩中の首席」（primus inter pares）として他の国務大臣と対等のものであった。日本国憲法のもとでも、内閣を代表し、また閣議での発言権が対等であることなどは変わらないが（案件の発議権など内閣総理大臣の閣議での地位の明確化も検討されている）、さらに憲法は、いくつかの強大な権限を内閣総理大臣に与えることによって、内閣の「首長」としての地位を認め（六六条一項）、他の国務大臣よりも上位にある者とした。なお、内閣総理大臣に事故があったり、欠けたりしたとき、内閣総理大臣が予め指定する国務大臣（俗に副総理といわれる）が臨時にその職務を行うことになっている（内閣法九条）。

(ア) 国務大臣の任免（六八条）　国務大臣の任命と罷免を実質的に決定するのは内閣総理大臣の専権に属し、罷免の場合でもその意に任せられており、閣議にかける必要がない。これは首長たる地位の最も明瞭なあらわれであり、とくに罷免の権限は名実ともに明治憲法にはなかったものであり、内閣の統一を確保するための最も有効な手段である。もとより前述のとおりこの任免は形式的には天皇の認証を要し、その認証についての助言と承認を内閣が行うが、性質上、内閣はその助言と承認を拒否できない。

(イ) 国務大臣の訴追の同意（七五条本文）　国務大臣は、在任中、内閣総理大臣の同意なくして訴追されない。一面からいえば、本条は国務大臣の特典を定めているが、他面からいえば、内閣総理大臣が検察機関による不当な圧迫から内閣の一体性をまもる手段となっている。訴追とは検察官の公訴の提起をいうが、本条の趣旨からいって、その前提となるような逮捕や拘留をも含むと解される。同意のない逮捕は違法であり、同意のない訴追は無効である（刑訴法三三八条四号参照）。同意を与えるかどうかの判断は、内閣総理大臣の裁量に属し、国家の利害関係などを考慮して決定され、その判断が不当であっても、政治的責任を追及できるにとどまる。この特典も、訴追の権利を害しない（七五条但書）。大臣の退任後に訴追をうけ、公訴の時効の進行はこの間は停止すると考えられる。ここにいう国務大臣に内閣総理大臣を含むかどうかは明らかではない。自らの訴追について、内閣総理大臣としての地位において同意するかどうかを決めうると解することもできるが、その進退は衆議院の意思によって決定されるものとして、むしろ内閣総理大臣は、摂政と同じように在任中は訴追されないとするのが自然であろう。なお、検察事務が完全に内閣から独立しておればともかく、法務大臣が個々の事件の取消または処分について検察機関の長である検事総長を指揮できる以上（検察庁法一四条）、実際にはこの特典が問題になることは少ないと思われる。

(ウ) 内閣の代表（七二条）　内閣総理大臣は内閣を代表して、議案を国会に提出し、一般国務および外交関係について国会に報告し、また行政各部を指揮監督する。行政各部の指揮監督は、各部の主任の大臣に対して、閣議にかけて決定した方針にもとづいて行われる（内閣法六条）。閣議の事前の方針決定がない場合でも、内閣の明示の意思に反しない限り、所掌事務について関係大臣に指導、助言等をすることも、内閣総理大臣の職務権限に属すると考えられる（最大判平七・二・二二）。

(エ) 法律および政令の署名（七四条）　内閣総理大臣は、法律および政令に主任の国務大臣として署名し、または主任の国務大臣とともに連署する。法律については執行の責任、政令については制定と執行の責任を明らかにするためである。

以上は、内閣総理大臣の権限の主要なものであるが、もとより、それに限られない。内閣法その他の法律による権限は少なくない。

(2) 国務大臣　国務大臣は、主任の大臣として法律および政令に署名し（七四条）、閣議に列席し（内閣法四条一項）、案件を内閣総理大臣に提出して、閣議を求める（同四条三項）など、多くの権限を与えられている。

内閣の権能　内閣は、国務大臣の全体の会議すなわち閣議によって、その職権を行う（内閣法四条一項）。閣議は内閣総理大臣が主宰する（同二項）。閣議の議事は慣行できめられているが、それは高度の秘密が要請される。日本の行政は縦割りの弊がつよく、閣議も十分に機能しない傾きがあるため、現在内閣の総合調整の役割の強化が論じられている。

内閣は、天皇の国事行為についての助言と承認という補佐の権能、および、憲法七三条以外に定める特別の権能（たとえば、最高裁判所の長の指名〔六条二項〕、国会の臨時会の召集〔五三条〕、参議院の緊急集会の要求〔五四条二項但書〕など）のほか、行政権の主体として広く行政を行う固有の権能をもつ。この一般行政事務のうち主要なものが、七三条に列挙されている。それらの多くは、明治憲法において天皇の大権事項とされていたものである。

(1)　**法律の執行と国務の総理**（七三条一号）　近代的行政は、法律にもとづき、法律に適合して行われるから、法律の執行は行政の本質といってよい。憲法が「誠実に」といっているのは、内閣が国会の意思に従属することを示している。内閣は、法律が憲法に反すると認める場合であっても、国会の意思を尊重して誠実に執行しなければならない。ただ、裁判所が違憲と判定した法律については問題があるが、違憲判決の効力のところでふれよう。「国務を総理する」とは、文言上は、立法や司法を含むようにみえるが、そうではなく、最高の行政機関である内閣が、行政事務を統轄し、行政各部を指揮監督することを意味しよう。

(2)　**外交関係の処理**（七三条二号）　外交事務も行政の一種である。日常的な外交事務は外務大臣が行うが、重要な外交関係は内閣の所管である。重要な外交交渉を行うことのほか、外交使節の任免、外国の外交使節にアグレマンを与えることなど、すべて内閣の権能に属する。したがって、実質上、外国に対して日本国を代表するのは内閣である。

(3) **官吏の事務の掌理**（七三条四号）　ここにいう「官吏」の範囲には問題がある。地方公務員（これを「吏員」という）が含まれないことは明らかである。立法権に参与する公務員も含まれないと解される。裁判官や裁判所職員は、特殊の扱いがされる必要が大きく、除外されていると思われる。したがって、広く行政権の活動に従事する公務員が「官吏」にあたると解してよい。それらの任免、試験、給与、服務、懲戒などの事項をつかさどるのが、内閣の権限である。それは、「法律の定める基準に従」って行われるが、国家公務員法がその法律である（一条二項）。なお、官吏に関する事項を掌理するため、とくに人事院が内閣の所轄のもとに独立行政委員会としておかれ、人事行政を内閣から独立して処理している。

(4) **恩赦の決定**（七三条七号）　内閣は、恩赦法の定めるところにより、大赦、特赦、減刑、刑の執行の免除および復権の決定を行う。これらの行為には、天皇の認証が必要である（七条六号）。

七三条は、このほか、条約の締結（三号）、予算の作成と提出（五号）、政令の制定（六号）をあげているが、これらについてはのちにのべることとする。

3 裁判所

◉問題の提起

戦後の裁判として最も注目をひいたものの一つである松川事件において、著名な作家をはじめ多くの人びとが裁判に対し激しい批判を加え、また大衆の集団行動による意思表示もみられた。このように、係争中の事件につき裁判所外から批判を行うことは、はたして望ましいものであるかどうかという問題がある。一方からいえば、司法もまた国家の権力作用であり、民主制のもとで国民の批判にさらされるべきものであるし、裁判批判も表現の自由によって保護されねばならないといえよう。しかし、他面では、それによって公正な裁判を受ける権利が侵されることもありうるし、なによりも司法権の独立に圧力が加えられ、少なくともその独立への信頼を脅かすおそれがあると考えられる。一般的にいって、司法という機能は、立法や行政のような政治的部門の行う機能とは質の異なるものであるし、裁判における真実の発見は、裁判所の審理手続によって行われ、そこでは表現の自由がそのままには妥当しないと考えられるから、批判の内容や方法には当然に一定の限界がある。ただ、一切の批判を「雑音」としてしりぞけることには疑問が残る。結局、この問題は、司法権の独立の意味をどう考えるかによって適正な判断を下すことができるであろう。

「すべて司法権は、最高裁判所及び法律の定めるところにより設置する下級裁判所に属する」(七六条一項)。すなわち、司法権は、統一的に司法裁判所に帰属せしめられている。

司法権

(1) 司法権の意義　司法権とは、具体的な争訟について、法を適用し宣言することによって、それを裁定する国家作用である。明治憲法のもとでは、私法上の争訟の裁定(民事裁判)と刑罰を科する裁判(刑事裁判)という、伝統的にヨーロッパ大陸において司法機能と考えられてきた作用のみが司法権に属していた。しかし、日本国憲法は、それとともに行政事件の裁定をも司法権に帰属せしめ、その範囲を拡大した。法による行政を確保し、その争いを公正に司法部によって判断させるという、英米式の司法国家の考え方を採用したものである。裁判所法が、「裁判所は、日本国憲法に特別の定のある場合を除いて一切の法律上の争訟を裁判」する(三条)としているのは、このことを確認した意味をもつ。もっとも、行政事件の特殊性にもとづき、その訴訟手続については行政事件訴訟法によって特例が認められている。

司法権が通常の司法裁判所に帰属する趣旨を逆の面から保障するために、「特別裁判所は、これを設置することができない」ものとされる(七六条二項)。特別裁判所とは、一般的な司法権を行う通常裁判所の系列の外にあって(家庭裁判所はこの系列に属するから、ここにいう特別裁判所ではない。判例もそう解する〔最大判昭三一・五・三〇〕)、特殊の人または事件を裁判する裁判所である。したがって、明治憲法下にみられた行政裁判所や軍法会議のような機関の設置は認められない。特殊の裁判所を設けるときは、どこまでも最高裁判所のもとでの下級裁判所として、その裁判に上訴ができ、また裁判官の任命も最高裁判所の指名によるものとして、その系列下におくことが必要となる。もっとも、行政機関が、単に前審として法律上の争訟を裁決することは妨げられない（裁判所法三条二項）。しかし、その審判に対して不服のときにはつねに裁判所に出訴することが認められねばならず、「終審として裁判を行ふことができない」（七六条二項）。行政機関が前審として裁判したとき、どの裁判所へ出訴すべきかは法律が定める（場合によっては、通常の三審制度の認める審級が省略されることもありうる）。しかし、事実審をまったく省略することは、司法権が裁判所に帰属するところからみて許されない（公正取引委員会による審決について、それが認定した事実について、それを立証する実質的証拠があるときは、認定事実が裁判所を拘束するとしているが、そこでもその実質的証拠の有無の判断は裁判所が行うものとされている（独占禁止法八〇条））。

(2) 司法権の限界　さきにのべたように司法権は拡大したが、その本質や権力分立のたてまえなどから、いくつかの限界が認められる。

(ア) 憲法の認める例外　国会の各議院の行う議員の資格争訟の裁判（五五条）、弾劾裁判所による裁判官の弾劾裁判（六四条）は、特別の理由により、憲法が例外を認めたもので、この裁判については裁判所で争うことはできない。

(イ) 国際法上の例外　外交使節の治外法権のような一般国際法の認める例外、あるいは、日米安全保障条約にもとづく行政協定によって駐留軍の構成員に対し刑事裁判権に一定の特例が認められているような特別の条約の認める例外で、日本の司法権が限界づけられている場合がある。

(ウ) 事件性の要件　司法は具体的な争訟に法を適用してそれを解決する機能であるから、その本質上特定の者の具体的な権利義務関係について争いが存在しなければ、司法権を行うことができない（学問上の理論の当否や宗教上の教義をめぐる紛争は、裁判所が法によって解決するに適する「法律上の争訟」とはいえない（最判昭五六・四・七参照））。この点は、とくに法令の違憲を争う訴訟における当事者適格の問題として争われるのであり、実際には具体的な争訟が存在するかを決定するのが困難な場合があるが、実質的な利益の対立する当事者がない擬制の訴訟の裁決は司法権に含まれないのである。最高裁判所は、警察予備隊の違憲訴訟の判決（最大判昭二七・一〇・八）や衆議院解散無効確認訴訟の判決（最大判昭二八・四・一五）などで、このことを認めている。もっとも、選挙訴訟のようないわゆる民衆訴訟は当事者間に具体的法律関係の争いがないが、とくに法律が司法権に認めた権限であって、憲法上許されるものである。

(エ) 自由裁量　行政行為の違法は訴訟で争うことができるが、立法部が一定の枠のなかで行政権に裁量の余地を与えているときには、その処分の適当かどうかの問題を生ずるとしても、違法の問題を生じないから、裁判所への不服の訴を提起して取消を求めることはできない（もっとも裁量権の濫用と認められるときは違法となるから、この限度で司法権が及ぶことになる）。

(オ) 統治行為　国家の作用はすべて法によって規制されているが、そのすべてが裁判による審査になじむわけではない。権力分立のたてまえからいっても、ある種の行為は、政治的部門である立法権や行政権に決定権が与えられる。これらはたとえ法的な問題を含んでいても、裁判所の法的判断の対象としては不適当であり、また判決を下しても執行がいちじるしく困難である。したがってこれらについては、その高度の政治性にもとづき、それを行う機関の政治的責任と、それに対する主権者たる国民の政治的統制に委ねられることになる。このような問題を統治行為あるいは政治問題という。外国の国家や政府の承認、条約の締結などの外交上の問題、国務大臣の任免のような政治的決定に委ねられている問題は、その例である。最高裁判所も、衆議院の解散について、その有効かどうかの法的判断が可能なときでもそれについての争訟は裁判所の権限外であるとした（最大判昭三五・六・八）。また、自衛隊の合憲性のような国の防衛の問題も統治行為に関する判断とする判例がある（札幌高判昭五一・八・五）。もっとも、すでにみたように議員の定数の選挙区に対する配分の不均衡が争われた事件で、極端な不平等であれば違憲と判定できるとしているから、このようなかなり政治性をもつ問題も統治行為であるとは認めていないことになる。統治行為の理論は、主として法令の違憲審査に際して問題となるのであり、この審査権が国民の権利保障にとって重要なものであることからみて、裁判所がこの理論を安易に利用して判断を避けることの許されないことはいうまでもない。

(カ) **団体内部の自律権**　国会の議院における国会議員の懲罰、議事手続に関することは、その自律権に委ねられ、司法権は及ばない。さらに、その他の団体にあっても、純粋に内部的事項に関してその団体の自治を尊重して、自律による措置に司法権の介入をさしひかえることも少なくない。地方議会についてはすでにふれた。大学（最判昭五二・三・一五参照）、政党（最判昭六三・一二・二〇、最判平七・五・二五参照)、宗教団体(最判平元・九・八参照)などが問題となるが、その団体の目的・性質などからみてどの程度の自律性をもつか、争われている権利がどのような性質をもつかなどを較量して、司法権の限界を超えるかどうかが判断されることになろう。

(3) 司法への民衆参与

司法作用は専門的知識を要するものであるが、ある限度で民衆を参与させることは、民主化にかなうものである。しかし、素人を裁判官として参与させる参審制は、憲法にそれについての規定がなく、しかも裁判官の任期や身分保障について専門の裁判官のみを予想しているところから、違憲の疑いが強い。陪審制も、憲法の明文を欠き、裁判官が独立して職権を行うことは、陪審の評決に拘束されることと両立しないともいえるが、かつて認められていたような範囲(陪審は事実認定のみに参与し、かつ被告人は陪審を辞する自由があった)ならば違憲とはいえないと思われる。裁判所法が、刑事について、陪審制度を設けることを妨げないとしている(三条三項)のも、この趣旨にもとづくであろう(二〇〇四年五月に法律が成立した裁判員制度は、国民の中から選ばれた裁判員が、刑事裁判の審理に参加し、裁判官とともに判決の内容を決めるもので、二〇〇九年五月より実施されている)。

なお、司法が民衆の眼の前で行われることが、その公正への信頼を確保する有効な手段である。憲法は、徹底した裁判公開の原則を定めて、国民の直接の監視によって裁判の公正を保障しようとしている(八二条)。それによれば、裁判の対審すなわち口頭弁論の手続(民事事件)や公判の手続(刑事事件)と、裁判所の判決の手続(非訟事件の手続や家庭裁判所の審判手続は裁判でないから含まれない)とは、傍聴を自由に許す公開の法廷で行われる(傍聴の自由に関連して報道の自由がどこまで認められるかについては問題がある。公開の原則から裁判の正確な報道は認められるが、法廷内の写真撮影、録音録画などは裁判所の許可が必要とされており〔刑訴規則二一五条、民訴規則七七条〕、実際の運用上法廷の秩序を害しないものでもほとんど禁止されていた。裁判の性質上このきびしい制限も直ちに違憲とはいえないにしても、検討の必要があり、現在では、報道機関による撮影が開廷前に限って許されている。なお法廷でのメモ採取も、八二条でなく二一条一項によって「故なく妨げられてはならないもの」と判示されている〔最大判平元・三・八〕。もっとも、裁判官の全員一致で公の秩序または善良の風俗を害するおそれがあると決定したときは、対審について公開停止ができる。しかし、政治犯罪、出版に関する犯罪、あるいは基本的人権の侵害の有無が事件の内容となっている場合は、絶対的に公開しなければならない。これらの事件は、政治権力そのものへの侵害として、とくに不公正な裁判の行われるおそれが大きいこと、あるいは、人権、なかでも表現の自由の重要性からみて、不公正な裁判を防止することがとくに必要と考えられることがその理由である。

司法権の独立

司法権が他の権力、とくに行政権から独立することは、専制的な君主の権力が司法を支配して人間の自由を侵したことへの反省のうえに立ち、近代憲法の権力分立に含まれる最も重要な原則として確立したものである。明治憲法のもとでもかなり厳格に司法権の独立がまもられてきた〔すでにあげた大津事件はそのあらわれである〕が、日本国憲法はいっそう制度的に、それを強化し、司法の自主性を拡大している。このように司法権の独立が近代憲法の本質的部分であるところから、これを侵すものについてはきびしい態度を示すべきである。前述したように、国会の議院のもつ国政調査権が具体的な裁判に干渉することは許されないし、同じ司法部内でも、上級の裁判所のもつ司法行政上の監督権が、具体的な事件の処理に及ぶことはできない（裁判所法八一条も、監督権が「裁判官の裁判権に影響を及ぼし、又はこれを制限することはない」と定める。この点で、一九五三年のいわゆる吹田黙禱事件での裁判長の訴訟指揮をめぐって、最高裁判所がその公判係属中、「法廷の威信について」という通達をだしたことや、一九六九年の長沼ナイキ基地訴訟における平賀書簡が問題になった）。いわゆる裁判批判は、公権力による圧力ではなく、一般市民やマス・メディアが言論活動などで裁判に影響を及ぼそうとするものであり、裁判所に直接に圧力を加えたり裁判官を脅迫するような手段によらない限り、表現の自由の保障に含まれると考えられる。司法権の独立についてとくに問題となるのは、裁判官の職権の独立と身分保障である。

(1) 裁判官の職権の独立

「すべて裁判官は、その良心に従ひ独立してその職権を行ひ、この憲法及び法律にのみ拘束される」（七六条三項）。すでにのべたように、裁判官が他の一切の指揮命令をうけず、自己の自主的判断によって職権を行うという、司法権の独立の基本的あり方を示したものである。「良心」というのは、普通にいう主観的な信念や世界観ではなく、裁判官としての職業的良心、すなわち公平無私な精神を意味する。結局のところ本条は、裁判官が、憲法、法律その他成文・不文の法にのみしたがって、独立して公正な裁判をすることを命じているのである。

(2) 裁判官の身分の保障

このような裁判官の職権の独立を確保するために、裁判官に身分の保障が与えられる。それは司法権の独立をうらづける重要な制度である。憲法は、裁判官を罷免できる場合をきびしく限定し（七八条）、裁判所法も、とくに定められた例外の場合を除いて、その意に反して、免官、転官、転所、職務の停止または報酬の減額をされることはないと定めている（四八条）。

(ア)　**罷免**　裁判官一般の罷免の場合としては、心身の故障により執務不能と裁判で決定された場合（詳しくは裁判官分限法で定められている）のほか、公の弾劾による罷免がある。公の弾劾は、国会の訴追委員会（各議院の議員の中から選挙された同数の委員で組織する）の訴追があるとき、両議院の議員から成る弾劾裁判所によって行われる（六四条）。弾劾に関することがらは法律（主として裁判官弾劾法）で定められる。弾劾による罷免の事由は、職務上の義務に著しく違反し、または職務を甚だしく怠ったこと、その他職務の内外を問わず、裁判官としての威信を著しく失うべき非行のあったことである（弾劾法二条）。公の弾劾は、一面で国会の裁判所に対する抑制の一手段となるが、国民の公務員罷免権のあらわれとしての意味ももつと解される（何人も弾劾による罷免の事由があると考えるときは訴追の請求ができる〔同一五条一項〕）。

最高裁判所の裁判官については、別に国民審査による罷免の方法がある。その任命は、任命後はじめて行われる衆議院議員総選挙の際、国民の審査に付し、その後一〇年を経過したのちはじめて行われる衆議院議員総選挙の際さらに審査に付し、その後も同様とする（七九条二項）。審査の結果、投票者の多数が罷免を可とするときは、その裁判官は罷免される（同三項）。それに関する事項は法律で定められる（同四項）が、その法律として最高裁判所裁判官国民審査法がある。この国民審査は、憲法の文言上は任命の審査のようにみえるし、少なくとも最初の審査は実際上任命を審査する効果をもつ。しかし、法的性質からいえば、いわゆるリコール制の一種である（最大判昭二七・二・二〇）。それは、最高裁判所の裁判官の職務の重要性、とくに終審として憲法判断をすることに含まれる政治的役割にもとづき、主権者である国民の公務員罷免権（一五条一項）が具体化されたものである。

このほか、裁判官が退任する場合として憲法は、下級裁判所裁判官で任期が満了して再任されないとき（再任は法的には新任と同じ性質をもつが、裁判官の身分保障の趣旨からみて、裁判官としての適格性を欠く明らかな事情が認められるときにのみ再任が拒否されるという運用がされるべきである）、定年に達したときを認める（八〇条一項）。それ以外に裁判官の任命欠格事由（裁判所法四六条、国家公務員法三八条参照）が発生すれば当然に失官すると解する説が有力であるが、憲法が身分の保障を定めている趣旨から、当然には失官せず、右にあげたいずれかの手段（原則として弾劾）によらなければ罷免できないとすべきであろう。

(イ) **懲戒**　裁判官は、「職務上の義務に違反し、若しくは職務を怠り、又は品位を辱める行状があったとき」は、懲戒される（裁判所法四九条）。懲戒の事由は、罷免の事由よりも軽いもので、その処分は戒告または一万円以下の過料に限られる（裁判官分限法二条）。懲戒は裁判手続によってなされ、憲法は、行政機関がこれを行いえないとしている（七八条後段）。

(ウ) **報酬の減額**　裁判官はすべて、定期に相当額の報酬（裁判官たる地位にふさわしい生活を営むに足る額を意味し、具体的には法律で定められる）をうけ、それが在任中減額されないことを憲法で保障されている（七九条六項・八〇条二項）。減額を個々の裁判官について行うことが許されないのみでなく、国の財政上の理由で、法律を改正して公務員全体の報酬を減額するときも、裁判官については、法律改正後任命される裁判官についてのみ改正法が適用されると解される（しかし、国家公務員の給与の減額を提案した二〇〇四年八月の人事院勧告に基づき、はじめて裁判官報酬の一律減額がなされた）。

裁判所の組織　裁判所は、最高裁判所と、法律の定めにより設置される下級裁判所とによって構成される。その組織と権能については大綱のみが憲法で規定され、詳しくは裁判所法その他の法律で定められている。

(1)　**最高裁判所**　長たる裁判官（最高裁判所長官）と一四人の裁判官（最高裁判所判事）で最高裁判所を構成する（七九条一項、裁判所法五条一項三項）。長官は、内閣の指名にもとづいて、天皇が任命し（六条二項、裁判所法三九条一項）、判事は、内閣が任命して、天皇がこれを認証する（七九条一項、裁判所法三九条二項三項）。最高裁判所の裁判官は、識見の高い、法律的素養のある四〇歳以上の者から任命し、そのうち少なくとも一〇人は、一定の長期間法律専門家としての経験をもった者でなければならない（裁判所法四一条）。七〇歳に達すると定年で退官する（七九条五項、裁判所法五〇条）。

最高裁判所は、裁判官全員の合議体である大法廷、または、五人の裁判官の合議体である小法廷で、審理および裁判をする（裁判所法九条一項）。事件をいずれで扱うかは最高裁判所が定めるが、当事者の主張により法令の合憲かどうかを判断するとき（かつて大法廷が合憲と判断した裁判と同じである場合を除く）、それ以外の場合で法令を違憲と判断するとき、判例変更をするときには、必ず大法廷で行う（同一〇条）。裁判書に、各裁判官の意見が（したがって少数意見も）表示される（同一一条）のは、最高裁判所の裁判の特色である。

最高裁判所は、終審裁判所として、上告、訴訟法のとくに定める抗告について裁判権をもつ（裁判所法七条）ほか、憲法および法律で各種の権能が与えられている。とくに、下級裁判所の裁判官の任命権は内閣にあるが、任命は、最高裁判所の指名した者の名簿によってされる（八〇条一項、裁判所法四〇条一項）ことが注目される。内閣に拒否権はあろうが、実際上は最高裁判所の意見が尊重されている（二〇〇三年より下級裁判所裁判官指名諮問委員会の答申に基づいて、最高裁判所は指名名簿を作成している）。このほか、最高裁判所の職員、下級裁判所およびその職員の監督権など広く司法行政事務を処理する権能が与えられ、これは裁判官会議によって行われる（裁判所法一二条）。なお、最高裁判所の権能として規則制定権（七七条）および終審として法令の違憲審査を行う権限があるが、これはのちにのべる。

(2) 下級裁判所　下級裁判所には、(ア)主として控訴と抗告を扱い、原則として三人の裁判官の合議体で裁判する高等裁判所、(イ)原則として第一審の裁判所で、単独制または合議制で裁判する地方裁判所、(ウ)家庭事件および少年事件を扱い、原則として単独制で裁判する家庭裁判所、(エ)軽微な事件を裁判する第一審裁判所で、単独制で裁判する簡易裁判所がある。

下級裁判所の裁判官には一〇年の任期がある点が、最高裁判所裁判官と異なる。もっとも、再任されることができる（八〇条一項）。法律の定める年齢で退官する（同但書）が、その年齢は、簡易裁判所の裁判官は七〇歳、その他の裁判官は六五歳である（裁判所法五〇条）。

第9章　憲法の保障

◉問題の提起

最高裁判所は、終審として違憲審査を行う権能をもち、「憲法の番人」といわれる。ところが、実際には憲法施行からすでに半世紀余を経ているが、最高裁判所による違憲の判断はきわめて少ない。そこでそれは憲法上期待されている役割を果たしていないと批判されることもある。わが国の違憲審査制度の運用において、司法権の限界を重視して憲法判断をできるだけ回避する傾向があるとか、立法部や行政部の判断を尊重しすぎるといういわゆる司法消極主義がめだつようである。しかし、通常の司法裁判所による憲法裁判である以上、このような考え方が最高裁判所の主流を占めることも自然である面をもっている。そこから、違憲審査権を活性化するためには、憲法を改正して、通常の裁判所の系列とは別のヨーロッパ大陸流の憲法裁判所の制度を採用することも考えられる。この問題は、憲法を保障するにはどのような方法がよいかということにかかわるのであり、これを考えるためには、まず日本国憲法における憲法保障の方式を理解することが必要である。

憲法の保障の方法

成文憲法はいわば紙に書かれたものであり、それが実際にまもられなければ実効性をもちえない。どのようにしてそれが遵守されることを確保できるか。これが憲法の保障の問題である。通常の国内法においては、多くの場合に法的強制手段によってうらづけられており、その実効性の保障は問題となることが少ないが、主権国家を拘束しようとする国際法とならんで、国家権力を制約しようとする近代憲法は、その性質上それをまもらせるように強制することの困難な法といってもよい。そこで各種の保障の方法が考えられてきている。以下のような方法は、それぞれに長所と短所とをもっているが、各国の憲法は、多様な憲法保障の方法から、どれかに重点をおきつつ、いくつかのものを選択して、その憲法秩序を保持しようとしている。

(1) 倫理的保障　国家の権力作用に関与する者に対して、憲法を尊重・擁護する倫理的義務を負わせる方法である。日本国憲法は、天皇、摂政、国務大臣、国会議員、裁判官その他の公務員にこの義務のあることを明言する（九九条）。その義務を宣誓によって十分に意識せしめる手段も多く行われている。このような倫理的保障が最高法規の章におかれていることの実際上の意味は小さくないが、それが倫理的なものであるから、それだけにたよるときは保障の効果はそれほど大きくない。

(2) 社会的保障　社会的な力によって憲法の遵守を保障しようとするものである。現代社会では、とくにマス・メディアのもつ力が強く、したがって表現の自由によって違憲の国家行為を批判することが、強力な憲法保障の効果をもちうるであろう。強力な集団の圧力も同じ効果をもつこともある。ことに、これらの社会的な力が世論となり、つぎの政治的保障と結びつくことも考えられる。しかし、この手段は、その性質上、憲法秩序の維持のみでなく、逆にその破壊のためにも働くことが可能である。したがって、この手段のみでは憲法の保障は十分ではない。

(3) 政治的保障　違憲の行為に対し政治的手段（たとえば、内閣不信任決議）により責任を追及することによって、憲法をまもらせるものである。憲法が権力分立の原理を採用していることは、逆にそれによってそれぞれの権力を抑制均衡せしめ、憲法を政治的に保障する手段として役立っている。しかし、この政治的保障の中心をなすのは、民主制のもとでは国民を代表する議会である。すなわち、議会が国民の意思を代表して、憲法秩序の維持の役割を果たすことになる。そしてその背後には主権者である国民があり、したがってそれは主として国民の選挙権の行使を通じて憲法を保障する方法であると考えられる。国民の政治意識が高まり、違憲の国家作用に対しては、自由な選挙権によって批判を加えることができ、それに応じて責任代議政治の理念が定着したところでは、この方法はきわめて有効な働きを示す。日本国憲法もこの手段による保障を予定している場合が少なくない。違憲であっても政治的に争うほかはないとした事例は、そのような場合である。しかし、この手段は、国民の政治意識が未成熟であって、議会による憲法秩序の破壊を政治的に阻止できなかったり、議会が行政部による憲法違反を十分にコントロールできないときには憲法の保障として十分に機能しえない欠点を免れることができない。

(4) 法的保障

保障を最も確実なものにしようとするのが法的な手段によるものである。もっとも、これに属するとみられるものであっても、政治的性格をもつ機関によって審査するもの（フランスの憲法評議院。ただ一九七〇年代以後裁判機関の性格を強めている）、上級行政機関の監督を通じて審査するものなどがあるが、最も有効と考えられるのが、独立した裁判所によって保障する方式で、憲法の領域への裁判の拡大という注目される方法である。

この方式に二種のものがある。一つは、特別の憲法裁判所を設置し、具体的な訴訟事件の有無にかかわりなく、抽象的に法令や処分の合憲性を審査させる方法であり、ドイツ、オーストリアなどヨーロッパ諸国にみられる。この方法は、憲法裁判所が適正に機能するときには、憲法秩序の維持にとってすぐれた効果をあげうる。しかし、憲法的争訟が政治性をもつことから、政治的対立が裁判所のなかにそのままもちこまれるおそれがあり、公正な信頼される判断が妨げられる欠点をもつこともある。いま一つは、通常の司法裁判所が具体的な訴訟を前提として、違憲審査を行うものであり、アメリカ合衆国がその代表的なものである。この制度に対しては、国民から選挙された国会の意思を司法裁判所が審査することは民主制に反するのではないかという疑問や、最終的な憲法判断がおくれることが多いとか、司法権の限界にもとづいて審査権に制約が多くみられるという批判などがあるが、法の解釈・適用を任務とする公正な独立した機関が行う点で「法の支配」にかなうものともいわれている。日本国憲法は、少なくとも裁判規範たりうる憲法の保障についてこの方法を採用している。これについては次項において考察しよう。

(5) 超法的保障

国家の認める実定法のみが法であるという法実証主義の立場からは、憲法の保障の方法は、右にあげたようなものに限られる。しかし、実定法を超えた自然法の存在を認める立場は、国家権力といえども絶対に侵しえない人間の尊厳の基礎となる領域があることを認め、それが侵されたときには、たとえ実定法の承認しない手段であっても、これに抵抗できる国民の権利があると主張する。いわゆる抵抗権がそれである。もしこの主張が成立するとすれば、それはいわば超法規的な手段による憲法の保障の方法である。抵抗権の理論は、古くからヨーロッパ政治思想で主張されてきたが、立憲主義の成立とともに、その思想は退潮した。そして、抵抗権の行使そのものは、憲法を保障する機能をもつといっても、その実態において実定法の認めない実力の行使であり、憲法秩序を乱すものであるから、安易にそれを認めることはできないのはいうまでもない。それが是認されるとしても、いわば極限の場合に限られる。したがって、憲法の個々の条項の違反があるのでなく、憲法の基本原理に対する重大な侵害があり、憲法そのものの否定ともいうべき場合であり、しかもその違法・不正が客観的に明白であって、右にあげたような通常の保障手段をもっては有効に違憲状態を解消することができないという、著しく例外的な場合に限られよう(ドイツ基本法二〇条四項参照)。このような意味での超法的保障の手段が許されるかどうかは、なお疑問があるが、いずれにしても、それは法の世界を超えた問題であるように思われる。

違憲審査制

前述のように、日本国憲法は、憲法保障の有効な手段として、裁判所による違憲審査制度をアメリカ憲法にならって採用した。すなわち、「最高裁判所は、一切の法律、命令、規則又は処分が憲法に適合するかしないかを決定する権限を有する終審裁判所である」(八一条)。本条は、法令が形式的に瑕疵がないかどうか(たとえば、命令が適法な手続で成立したかどうか)のみならず、その実質的内容が憲法に反するかどうかの審査権を裁判所に与えたものである。これによって、憲法の最高法規性を確保し、憲法の解釈・適用についていわゆる「憲法の番人」としての司法部の自主独立性を保障し、とくに、国民の基本的人権の保障を実質的ならしめようとしているのである。本条をめぐってつぎのような点が問題になる。

(1) **憲法裁判所** 八一条は、最高裁判所に抽象的に法令その他の国家行為の合憲性を審査できる権能を与えたものである、との解釈もある。しかし、これはアメリカ型の司法審査制を明文化したものであり、具体的な訴訟事件の解決を本来の役割とする裁判所が、その作用を行う前提として、国家行為が合憲かどうかを判断できるものとしたと解すべきである。したがって、すでにのべた事件性の要件などの司法権の限界は、違憲審査の場合にも存在するとみてよい。法律で最高裁判所に抽象的な違憲審査権を与えることは、憲法が、裁判所に民衆訴訟のような純粋の司法機能以外のものを与えることをすべて禁止していないところからみて、直ちに違憲とはいえないかもしれないが、このような重要な権能を憲法の根拠なしに法律で与えることは憲法の趣旨に反するし、また実際上も妥当でないと思われる。

(2) **違憲審査権の主体** 憲法の明文からは、最高裁判所のみが違憲審査権をもつようにもみえるが、アメリカ型の制度を採用したところから考えて、下級裁判所もその権能をもつとしてよい。実際にも下級裁判所はこの権能を行使しており、最高裁判所もこれを認めている（最大判昭二五・二・一）。民事訴訟法（三一二条一項）も刑事訴訟法（四〇五条一号）も、このことを前提にしている。ただ憲法は、憲法問題を終審として判断するのは最高裁判所であるとしているから、下級裁判所で法令の合憲性が争われるときは、その点についてつねに最高裁判所の判断を求める道が開かれていなければならない（民訴法三二七条一項・三三六条一項などはその趣旨をうけている）。

(3) 違憲審査の対象　違憲審査の対象となる国家行為は、「一切の法律、命令、規則又は処分」である。法律は国権の最高機関である国会の意思のあらわれであり、これに審査権の及ぶことは、違憲審査権の核心をなすものである。ここにいう「法律」は、形式的意味の法律のほか、住民の代表である地方議会の制定する条例をも含む。「命令」とは、政令その他行政機関の定立する一般的法規範をいう。「規則」とは、憲法みずからが特別の法形式として認める議院規則、裁判所規則をいう。会計検査院規則、人事院規則、地方公共団体の長の定める規則などは、行政機関の立法として命令に含まれるものと考えてよいであろう（いずれに属するにしても結果は同じである）。「処分」とは、個別的・具体的な国家行為であり、裁判所の裁判も含まれる。裁判所が適用する法令そのものが違憲でなくとも、裁判所がそれを適用した具体的裁判が違憲の処分となりうる（最大判昭二三・七・八）。たとえば、刑罰法規の法定刑がその犯罪との均衡を失しておらず合憲であっても、それを適用した宣告刑が具体的犯罪と著しく均衡を得ていないとき、その裁判は残虐な刑罰として違憲となろう。国が私人との間で土地の任意買収をする行為は「処分」といえず、実質上公権力の発動たる行為となんら変わりがないといえる特段の事情のない限り、私人間の行為と同じく、憲法は直接には適用されないと解してよい（最判平元・六・二〇）。

ここに「条約」があげられていないことは注目される。これを「処分」に含める立場があるが、個別的・具体的な国家行為といえないから正当でない。のちにみるように、条約はその形式的効力において憲法の下位に立つものであり、憲法は最高法規として国内法秩序の頂点にあるのであるから、条約もその国内法的効力については違憲審査の対象となると解される。ただ締結権をもつ内閣と国会の判断が尊重されるところからみて強い合憲性の推定があり、裁判所がそれを違憲とすることはほとんどないと思われる（砂川判決〔最大判昭三四・一二・一六〕では、条約は「一見極めて明白に違憲無効であると認められない限り」違憲審査権の範囲外とされている）。なお条約を違憲とする判決が確定しても、その国際法的効力は失われず、その点は内閣が相手国と交渉して処理するほかはない。

(4) 違憲の裁判　最高裁判所が法令の合憲性の判断をする場合には、前述のとおり、原則として大法廷で行うべきものとされる（裁判所法一〇条）。しかもその際に違憲の裁判をするには、八人以上の裁判官の意見の一致を必要とする（最高裁裁判事務処理規則一二条）。違憲の裁判が重要な影響をもつところから、裁判官の定数の過半数を要求し、判例が容易に動揺することを防ぐ趣旨をもつ。最高裁判所が国家行為の違憲の裁判をしたときは、その要点を官報に公告し、その裁判書の正本を内閣に送付することを要し、また法律が違憲であると判断したときは、裁判書の正本を国会にも送付する（同一四条）。

(5) 違憲判決の効力

法令を違憲とした最高裁判所の判決はどのような効力をもつか。個別的効力説は、具体的な当該事件についてのみ法令の効力を否定し、適用を排除するにとどまると解し、一般的効力説は、法令を客観的に無効としたもので、判決理由が示す限度でその法令は廃止されたに等しい効果をもつと解する。わが国の憲法構造からみて個別的効力説がすぐれている。その理由は、八一条の違憲審査権は、あくまで具体的な争訟を裁決するという司法権の行使の一環として行われるのであり、司法権の当然の限界として判決は個別的効力をもつにとどまるとするのがすぐれていること、法令の廃止に等しい消極的立法作用を認めるにはそれなりの明文の根拠を必要とすることがあげられよう。

しかし、個別的効力説をとると、ある者についてのみ法令が効力をもたないことになり、一国の法秩序が混乱し、また不公平な結果をもたらすという欠陥がある。しかし、これは実際上の事後措置を講ずることによって避けられよう。すなわち行政部は、法律を誠実に執行する職務を負うが、最高裁判所が違憲とした法律については、一種の眠った状態にあるものとして、立法部の適当な措置のあるまで執行をさしひかえるのが妥当である（尊属殺に重罰を科する刑法の規定を違憲とした判決ののち、立法部は長い間措置をしなかったが、その規定による起訴がされなかった。二三年後の刑法改正によってようやく削除された）。立法部は、最高裁判所の判断に尊敬を払いながら、法秩序が統一した体系を保つように配慮することが要求される。そして、法令の改正・廃止などの適切な立法措置をとることによって、一般的効力説と同じ結果を生みだすことができるであろう（関税法による第三者所有物の没収が違憲と判断されたのち、国会は、この場合をも含めて、最高裁の判決の趣旨にそって第三者所有物没収の手続が合憲になるように立法措置をとった。薬事法の距離制限規定や森林法一八六条の規定が最高裁によって違憲とされたときには、国会はまもなくそれらの規定を廃止している)。なお、違憲判決は原則として遡及効をもたないと解される(したがって、その法令によってなされた過去の処分には原則として影響がない)が、実際上の考慮からして、場合によっては(とくに人身の自由のような基本権の保障が問題になるとき)、非常上告(刑訴法四五四条)、恩赦、あるいは立法措置によって、不公平をできるだけなくすることが望ましいであろう。

緊急事態と憲法　憲法の保障をめぐって困難な問題を提供するのは、国家の緊急・非常の事態である。外敵の侵入や内乱のごとき事態においては、国家権力が平常の憲法秩序に厳格にしたがって行使されることがむずかしくなり、そこに違憲の状態を生じやすいのである。それだけに憲法の保障が実現しにくいことになる。

明治憲法では、天皇は戒厳を宣告する権能をもち(一四条)、この場合、軍司令官が立法権と行政権をもつこととされ、戦時または国家事変の際に臣民の権利義務に関する規定の一部または全部を停止する、いわゆる非常大権(三一条)も認められていた。外国の憲法でも、緊急事態に対処する規定をおく例が少なくない。日本国憲法は、このような非常の事態に対する措置をまったく定めていない。それはあくまでも平常の事態を前提とし、通常の法秩序がつねに働くことを予想しているのである。参議院の緊急集会も、衆議院の解散という平常事態の変則的な場合の措置である。警察法の認める緊急事態の特別措置(六章)や自衛隊の防衛出動と治安出動(自衛隊法七六条・七八条・八一条)も、非常事態において警察や自衛隊の活動を集中強化するものであるが、行政権の権限そのものを法的に強めるものではない。

このように、あくまでも通常法の支配を要求していることは、非常事態の緊急権能を認めることが憲法秩序、とくに人権保障を弱めるおそれのあるところからみて、妥当な態度と思われる（もっとも、緊急性を理由とする非常措置が恣意的にならないように憲法と整合する範囲で事態に対応するためのガイドラインを設定しておくことは考えられる）。しかし、現実に国内の秩序が著しく破壊される事態が生じたときに憲法に反しても最小限度の必要な手段をとることがありえよう。これはいわば超法規的な権能というべきである。したがって、憲法に反する措置をとる場合には、違憲の行為として法的あるいは政治的に責任を問われることのありうることを予測して行うほかはない。この場合に、国会がのちにその措置を必要不可欠の最小限度のものであると認めたときは、立法その他の手段によって、免責することは許されよう。

第10章　国法の形式

◉問題の提起

当初の裁判所法一〇条一号は、最高裁判所が当事者の主張にもとづいて、法令の違憲かどうかを判断するときは、つねに大法廷で裁判をする旨の規定をし、最高裁判所裁判事務処理規則も同様の規定を設けていた。ところが、一九四八年四月、最高裁判所はこの規則を改正して、右のような場合でも、意見がかつて大法廷が合憲と判断した裁判と同じであるときは、小法廷で裁判できると定めた。そこでこの場合、法律によれば大法廷で、規則によれば小法廷で裁判をすることになり、法律と裁判所規則との間に矛盾が生じた。はたしてどちらが優先するであろうか。この場合には、同年一二月に裁判所法が改正され、右の改正された規則と同じになったので、問題は解消したが、理論的には、このように異なる法形式の間の抵触をどう解決するかという困難な問題を提示した実例といえる。

国家の統治体制の複雑化とともに、国の成文法も多様な形式をとる。それらが内容とすることのできる事項すなわち所管事項は競合していることが多いから、その間に矛盾を生じうる。これを解決するのが、国法の形式にはそれぞれ効力の差等があり、その形式的効力の強いものが優先するという原則である。そして、同じ形式の法または同等の形式的効力をもつ法の間の内容上の矛盾は、法解釈の一般原則である、「後法は前法を廃する」や、「特別法は一般法に優先する」という原則で解決されるのである。このようにして、国家の法秩序は統一した体系を保ちうる。以下においては、日本国憲法のもとでの法構造における成文法の諸形式を、その制定過程や形式的効力を中心に考察しておこう。

憲法改正　成文憲法の条項を修正・削除したり、新たな条項を追加するのが憲法改正であり、憲法自身の定める正式の手続によってそれが変更されることをいう。九六条は、改正を慎重にするために、厳格な手続を定めており、したがって日本国憲法は硬性憲法に属する。

改正の手続は、国会による発議と国民による承認の二段階に分かれる。ここにいう発議は、憲法改正案が国会で議決されることである。改正案を議案として国会に提出するのは誰かについては明らかでない。議員がこの発案権をもつことは争いがない。内閣が発案権をもつかどうかについては争いがあるが、憲法は通常の法律案の発案と同様にそれを禁止しているとは解されない。したがって、憲法調査会を内閣に設置し、憲法に検討を加える任務を負わせることは、違憲ではないであろう。憲法改正の発議は、各議院でそれぞれ総議員の三分の二以上の賛成で議決されたとき成立する（九六条一項）。

総議員は、現在議員の数と解する説が有力であるが、五六条一項の場合と同じく、法律の定める議員数と解する。数が一定していること、とくに憲法改正を厳重にすること（出席議員の三分の二の議決で反対派を除名して総議員の数を減らし、改正案を可決させる可能性をなくする）がその主な理由である。なお、この発議にあたって衆議院の優越を認めないことは前述したが、これも改正を困難ならしめる意味をもっている。

憲法改正は国民の承認によってはじめて成立する。主権者たる国民が最高法規たる憲法の改正について決定権をもつことは、国民主権の原理の明確なあらわれである。この承認は、国民投票によって行われ、その有効投票の過半数の賛成があれば承認があったことになる（九六条一項）。国民投票は、実際上の便宜から、そのための特別の国民投票によるか、または、国会の定める選挙の際にそれと同時に行われる投票によって行われる。後者は、性質上、全国的に同時に行われる選挙である、衆議院議員の総選挙、参議院議員の通常選挙がそれにあたるであろう。この国民投票については詳しくは憲法改正国民投票法（日本国憲法の改正手続に関する法律）に定められている。

憲法改正が国民の承認によって成立すると、「天皇は、国民の名で、この憲法と一体を成すものとして、直ちにこれを公布する」（九六条二項・七条一号）。「国民の名で」というのは、改正権者である国民の意思で改正されたことを示す意味をもち、「直ちに」とは、できるだけ速やかにということである。「この憲法と一体を成す」とは明らかでなく、アメリカ合衆国憲法のように、もとの規定はそのままにして、改正が修正何条として原典に増補される方式を予想するかにみえるが、その必要はなく、もとの憲法の一部として、同じ形式的効力をもつという当然のことを意味していると思われる。

憲法改正は、日本国憲法と一体をなすものとして、最高法規となり、その条項に反する法令は効力を有しない（九八条一項）から、最も強い形式的効力をもつ。問題は、この改正に限界があるかどうかである。憲法の定める改正手続も、憲法制定権者の定立した根本規範を変更することはできないと解される。それは憲法の自殺行為であるからである。したがって、国民主権を否認したり、基本的人権の保障を廃止したり、硬性憲法を軟性憲法に変質させたりすることは、改正の限界を超えると考えられる。もとより、事実において限界を超えた改正が成立し、実際に行われることはありうるが、これは、その実質において改正ではなく、法的な革命にほかならないのである。

法律　国会の議決によって成立する成文法が法律（形式的意味の法律といわれる）である。法律案を国会に発案する権能を議員がもつことは疑いがない。内閣については、すでにそれを肯定する解釈が習律として成熟しており、内閣法五条も、その解釈を立法化している。憲法も内閣の法律発案権を禁止しているものとは解されない。国会における法律案の審議は、一般の議案と同じである。明治憲法時代は、本会議を重視するイギリス型の読会制がとられていたが、現行の制度は、委員会の審議を活用し、読会制を廃止した。法律案は、すでにふれた衆議院の優越と参議院の緊急集会、およびのちにふれる地方自治特別法の場合を除いて、「両議院で可決したとき法律となる」（五九条一項）。法律が成立すると、主任の国務大臣の署名、内閣総理大臣の連署を経て（七四条）、天皇が、内閣の助言と承認によって、国民のために公布する（七条一号）。法律は、それが別の施行期日を定めたときはそれにより、その定めがないときは、公布の日から起算して満二〇日を経て施行される（法の適用に関する通則法二条）。法律の公布は官報で行われるが、いつ公布の効力が発生するかは争いがある（とくに公布の日に施行される法律については問題が生じやすい）。判例は、一般人が、それを登載した官報を閲覧し、購入しようとすれば、国内のどこかでそれをなしえた最初の時点において、全国一律に公布されたとみられるとしている（最大判昭三三・一〇・一五）。

国会の可決によって法律が成立する原則に対して憲法の認める例外が「一の地方公共団体のみに適用される特別法」であり、これはさらに、その適用をうける地方公共団体の住民の投票に問い、その過半数の同意を得なければならない（九五条）。特定の地方公共団体に特例を設けるとき（それが一個の地方公共団体であるとは限らない。たとえば、旧軍港都市転換法は四市に適用されるが、それぞれの住民投票にかけられた）、国会のみの意思によらず、その住民の自主性を重視しようとしたものである。この特別法とは、地方公共団体につき一般に定めている法律に対し、ある地域にのみ施行される特例的な制度を設ける法律を意味するが、それにあたるかどうかの判断は必ずしも明確でない。この制度は、特定の地方公共団体に不利益な特例を課する法律について意味があるが、そのような場合にはこれは法律の成立を困難にすることが多い。そのためもあって最近ではほとんど例がない（一九九七年のいわゆる駐留軍用地特措法の改正法は、実質上は地方特例法とみられなくはないが、形式上は全国に適用されるとして特例法にあたらないとされた。改正前の同法について判例も同旨（最大判平八・八・二八））。なお先例によれば、この特別法を廃止する場合は、普通の法律によっている（首都建設法が普通の法律である首都圏整備法で廃止された）。

法律は、憲法の認める例外を除き、一般的・抽象的な法規を定立すること（実質的意味の立法）を所管としている。すなわち法規の定立は、原則として法律のみに専属する所管事項である。国会が国の唯一の立法機関であるということはその意味である。また、憲法が、法律で定めるべきものとしている場合（必要的法律事項という）は、きわめて多い。法律の形式的効力は強く、国権の最高機関たる国会の議決によって成立する上位の法形式として、憲法につぐものである。明治憲法における緊急勅令のように法律と同じ効力をもつ成文法は、一切存在しない。ただ、のちにみるように条約には劣るものと解される。

予算　財政の民主化の要請から、国の収入と支出が国会の議決によるものとされるが、一会計年度における国の財政行為、主として歳出・歳入の準則を国会の議決によって定立したものが予算である。およそ国の作用はほとんどすべて財政的基礎を必要とするから、この予算議決権は、国会が国の作用をコントロールする有効な権能といえる。他の諸国では、予算も法律の形式で行う例が多いが、日本では、通常の法規の定立と異なるところが多い（とくに、国家機関の行為を内部的に規律するにとどまり、しかも具体性をもっていること）ので、予算という特別の形式がとられている（直接に国民の行為を拘束しないので、公布すべしという規定もない）。しかし、予算も、歳出について時期、目的、金額を限定し、歳入について財源を指示して、歳入の時期を限定する効果をもつものであり、法規範である性質をもつと解される。

予算は内閣が作成して国会に提出する（七三条五号・八六条）。法律と異なり、議員に発案権がないと解される。予算について衆議院が先議権をもつ（六〇条一項）ことは、近代憲法の通例にしたがったものである。国会の審議で問題になるのは、憲法にそれを制限する規定はないが、国会の修正権には限界があるかどうかである。減額修正ができることには問題が少ないが、ここでも、その結果、法律の執行ができなくなることがある。一般に法律と予算とは別の法形式であるから、不一致をきたす可能性はあるが、双方について議決を行う機関である国会としては、両者を一致させる義務があるというべきである（したがって、法律の執行に必要な予算を削除するときには、法律を廃止・変更すべきであろう）。増額修正は、発案権が内閣に専属するところから問題が大きい。財政に関する国会中心主義を徹底している日本国憲法において、増額修正が禁止されるとは解されないが、予算の同一性をそこなうような大きな修正は、内閣の予算作成権をくつがえすもので、許されないであろう（このようなときは、予算を撤回せしめる動議を可決して、あらためて内閣で組みかえた予算を再提出させるのがよい）。このようにみると、国会の予算修正は慎重に行われる必要がある（一九七七年二月二三日に発表された政府統一見解はほぼこのような見解をとっている）。そこで、予算を伴う法律案の発議、予算に関する修正の動議、予算増額または予算を伴う法律案修正の動議については、特別の多数（衆議院は五〇人以上、参議院は二〇人以上）の賛成を必要とする（国会法五六条一項但書・五七条但書・五七条の二）。

予算は国会の議決によって成立する。ここでも衆議院の優越が認められ、その程度は法律の場合より強い（六〇条二項）。会計年度（毎年四月一日にはじまり、翌年三月三一日におわる（財政法一一条））の開始前に予算が成立しないとき、明治憲法は前年度予算を施行することを認めた（七一条）が、日本国憲法はこの便宜的手段を認めず、内閣は、一定期間にかかる暫定予算を作成し、国会に提出するものとされる（財政法三〇条）。これは暫定的なもので、その年度の予算が成立すれば失効するが、それにもとづく支出や債務の負担は、その年度の予算にもとづいてしたものとみなされる。

予算は、一会計年度のみ効力を有する。しかし、工事など完成に数年度を要するものについて、とくに必要のあるとき、経費の総額と年割額を定め、あらかじめ国会の議決を経て、その議決にしたがい、数年度にわたって支出することが許される（財政法一四条の二）。これを継続費という。明治憲法と異なり、その点の規定はないが、その必要性からみて、憲法が禁止したものとは解されない。ただ、期間を原則として五ヵ年以内とし、その後の予算審議で、継続費について重ねて審議することを妨げられない（同一四条の二第二項四項）のは、継続費の弊害を防止するためである。予算は他の種の法形式とは所管を異にするから、形式的効力については問題にならない。事実上の不一致はともかくとして、予算によって法律・命令を変更したり、その逆が行われることはない。

予算を超過する支出や予算外の支出の必要が生ずることは避けがたい。このような場合に補正予算を国会に提出するのが普通である（財政法二九条）が、予備費からの支出による便法があり、憲法は、予見しがたい予算の不足にあてるため、国会の議決によって予備費を設け、内閣の責任でこれを支出することができるとしている（八七条一項）。予備費を設けることの議決は、それを計上することの承認であり、支出について承認したわけではない。内閣は、すべての予備費の支出について、事後に国会の承諾を得なくてはならない（同二項。承諾を得られなくても既にされた支出に影響はないが、内閣の政治的責任が問われる)。

命令　行政機関によって制定される法規を命令という。日本国憲法では、法律の規定を執行するために必要な細則を内容とする執行命令と、法律によって委任された事項を内容とする委任命令(受任命令というほうが適切であろう)のみが許される。

憲法は、命令の形式として、政令すなわち内閣の制定する命令を定めている。政令は、「憲法及び法律の規定を実施するため」制定される(七三条六号)。これは一見、憲法を実施するため直接に政令を制定できるかにみえるが、憲法実施のための立法は、国の唯一の立法機関である国会の制定する法律に限られるべきであり、憲法を実施するための政令も、法律を執行することを通じて憲法を実施することになる。このように、憲法―法律―政令という段階が、日本の法構造をなしていると解すべきである(この意味で、栄典に関する事項を、法律によらず政令で定めていることは適当でない)。委任命令の性質をもつ政令について、憲法は明文で定めていないが、法律自身が委任するもので、憲法に反するとはいえない。「政令には、特にその法律の委任がある場合を除いては、罰則を設けることができない」(同但書)し、義務を課し、権利を制限するときも、法律の委任を要する(内閣法一一条)のであるが、ここでも法律の委任の許されることが、当然に前提とされている。しかし、この委任は個別的・具体的に限定された範囲で行われ、一般的・包括的な白紙委任は、実質上、立法権が国会に属する原則をくつがえすもので、憲法上認められない。

政令は、主任の大臣が案をそなえて内閣総理大臣に提出して閣議を求め(国家行政組織法一一条)、閣議の決定を経てのち、天皇が公布する（七条一号）。その形式的効力はもとより法律に劣る。

憲法に定められていないが、政令以外の命令が禁止されるわけではない。内閣総理大臣および各省大臣は、主任の事務について、法律もしくは政令を施行するため、または法律もしくは政令の特別の委任にもとづいて、それぞれ総理府令または省令と呼ばれる命令を発することができる（国家行政組織法一二条一項）。この命令には、法律の委任がなければ、罰則を設け、義務を課し、もしくは国民の権利を制限する規定を設けえない（同四項）。なお政令が他の命令に委任する、いわゆる再委任は、とくに犯罪構成要件の定めを委任するような場合、望ましいとはいえないが、再委任の範囲を限定し、かつやむをえない事情のあるときは、憲法上許されると解してよいであろう。判例も同旨である（最大判昭三三・七・九）。この命令の形式的効力は政令に劣る。なお、会計検査院、人事院、総理府または各省の外局も、法律により、規則を発することが認められている（人事院規則への委任について、その委任が広範なため問題になった例として、最判昭三三・五・一参照）。

議院規則　両議院は、各々その会議その他の手続および内部の規律に関する規則を定めることができる（五八条二項）。議院が自主的に制定する法形式であり、衆議院規則、参議院規則はその代表的なものである。日本では国会法が重要な部分を定めているので、外国に比して議院規則の自律性の範囲は狭い。議院規則は、議院の議決で制定され、院内でのみ効力をもつものである（もとより、傍聴人のように外部からきた者も拘束される）から、公布を要しない（もっとも、官報の国会事項欄に掲載して国民に知らされるのが例である）。議院規則は、議院単独で定めうるものであるから、その形式的効力は、国会の制定した法律より劣る（ただし、議院の自律性を重んずるところから、議院の内部的な事項に関しては、法律とくに国会法に優越するとの見解も有力である）。

最高裁判所規則　日本国憲法は最高裁判所に規則制定権という独立した立法権を与えた（七七条一項）。これは英米で発達した制度をうけついだのであるが、このように、国会を唯一の立法機関とする原則に重大な例外を認めたのは、それによって司法権の自主性を確保するとともに、最高裁判所の司法部内の監督権を実効あらしめようとしたこともあるが、何よりも、裁判に関連する事項について最高裁判所自身が自主的に、かつ必要に応じて流動的に立法措置を講ずることが合理的であると考えられるからである。

規則は、最高裁判所が裁判官会議によって制定する。それは、裁判所内部のことのみでなく、一般国民にも関係するところの少なくない法規を含むものであり（検察官もこれに従わねばならない〔七七条二項〕）、官報で公布される。なお、下級裁判所に関係する規則は、下級裁判所自身が定めるのが実際に適合することもありうるから、制定の権限を下級裁判所に委任することができる（同三項）。

規則で定めることのできるのは、「訴訟に関する手続、弁護士、裁判所の内部規律及び司法事務処理に関する事項」であり、これ以外には及ばない。これらの事項は、規則の専属的な所管事項であって、法律をもって規定できないのか。法律は立法の原則的形式であり、実質的意味の立法は法律でされるのが原則であるから、法律もまた競合して所管すると解してよい（最判昭三〇・四・二二）。逆に、憲法が法律の定める事項としているものを規則で定めうるか。三一条が刑事手続を法律で定めるものとしている点が問題になる。ここでの法律は、憲法の認める例外である裁判所規則も含めたものと解してよく、法律の規定のないかぎり、一般的に規則もその所管事項の範囲内で法律事項について定めうると考えられる。ただ実際上は、人身の自由に関連することの多い刑事手続は、被告人の重要な利益に関するものが法律で定められ、細目的なものが規則で定められることになろう。

問題は、規則と法律の所管が競合しているときに、両者が抵触すればどちらが優先するかである。規則の特殊性から規則が優位するとの見解もないではないが、規則には一般国民に関係する規範もあり、このような場合、国民を代表する国権の最高機関である国会の意思を優先させるべきであるから、法律が優越するという見解が正当であろう。ただ、規則の所管事項について（刑事手続は別として）は、規則が合目的的に定めうるという長所をもち、国会の審議は必ずしも適当ではないことが多いことから考え、法律がほぼ規則の所管事項を定め、細目的・技術的事項のみを規則にゆずっている現行の制度は、憲法の趣旨にそうものではない。むしろこれらの事項は、原則として規則が定めるよう運用することが、憲法のたてまえに合致するであろう。

条　例　地方公共団体がその自治の権能にもとづいて制定する法の形式が条例である。憲法は、地方公共団体が「法律の範囲内で条例を制定することができる」としている（九四条）。ここにいう条例とは、地方公共団体の議会がその議決によって制定する地方自治法上の条例（狭義の条例）を主として意味するが、その他、長が制定する規則（地方自治法一五条）や、特別の法律により地方公共団体の委員会（たとえば公安委員会）の制定する規則も含まれよう（同一三八条の四第二項）。

条例の規定しうる事項は、普通地方公共団体の事務のすべてに及ぶ。これに罰則をつけることは、刑罰の定めは国の法律によるべきことがたてまえである点から問題になる。地方自治法は、広く議会の制定する条例違反に対して罰則の定めを授権している（一四条三項）。地方自治を享有する地方公共団体の自律性は憲法の認めるところであり、しかも、狭義の条例は住民の選挙した議会の民主的立法であることや、罰則をつけうる条例の所管事項である地方行政事務は限定されている（二条二項）ことからみて、違憲とする必要はないであろう（最大判昭三七・五・三〇。なお、長の定める規則違反に科せられる過料は、秩序罰であって問題はないであろう）。

条例は、「法律の範囲内」に限られるから、その形式的効力は法律に劣る。地方自治法はさらに、「法令に違反しない限りにおいて」制定できるとしている（一四条一項）。これは、国の立法の優越性という憲法の趣旨をうけて、法律のみならず命令の形式的効力が条例にまさることを明らかにしたのである。もっとも、憲法が地方自治を保障していることからみて、国の法令も、地方の事務は地方の自主性に委ねるたてまえを尊重しなければなるまい（最大判昭五〇・九・一〇参照）。なお、条例は法令に反しないかぎり制定できるから、法令の規定のないかぎり所管事項について制定しうるのはいうまでもないが、国の法令の存しないことが、その事項について自由にしておくべきであるという国の意思のあらわれであるとみられる場合もある。その事項が、それを規制するとすれば国全体として統一的な規制を要する性質のものであるときは、条例は国の法令のないときも規制できないと解すべきであろう。また、所管事項について国の法令よりもきびしい規制を加える条例も、国の法令が国全体として統一的に規制する趣旨でないときには、国の法令に違反するものとはいえず、憲法上も許されるといってよい、公害の規制についてしばしばみられるものである。

条例による規制が地方公共団体ごとに異なるとき、地域住民たる地位による差別的取扱が生ずるが、条例制定権を認める以上憲法の容認する差別と解される（最大判昭三三・一〇・一五）。しかし、それも合理的範囲をこえると一四条違反となろう。この場合、規制対象が全国的にできるだけ統一的な規制が望ましいものか、地域の特性を考慮にいれる必要のあるものかによって相違があろう（たとえば、青少年保護条例による規制でも、青少年に対する性行為の規制は共通性になじむが、有害図書の規制はある程度は地域の文化的状況による幅がありえよう）。

条　約　条約とは、文書による国家間の合意であり、国際法上重要な法源である。もともとそれは国家を拘束する国際法的効力をもつにとどまる性格のものであったが、国際関係の緊密化などの事情から、そのまま国内法的効力をもちうる条約が多くなり、かつそのような効力を是認する憲法体制をとる国も多くなってきた（徳島地判平八・三・一五は、国際人権規約B規約一四条一項がそのまま国内法関係に適用されるとする）。また、条約が国内法によって実施され、国民の権利義務について定める場合も少なくない。日本国憲法も、条約を誠実に遵守することを定め（九八条二項）、法令と同様にそれを天皇が公布する（七条一号）ところからみて、条約を国法の一形式として承認していると考えてよい。なお、ここにいう条約とは、形式上の条約のみでなく、協定・協約その他の名称のいかんを問わず、国家間の合意を含む。しかし、私法上の契約の性質をもつものや、条約を実施するための、またはその委任にもとづく細則的規定を含むものではない。

条約の成立は、一方では、外交関係を処理する権限をもつ内閣が外国と交渉し、その任命する全権委員が署名・調印し、内閣が批准すること（批准書には天皇の認証を要する〔七条八号〕）により締結する行為が必要であり（批准を留保せず、調印のみで確定する場合もある）、他方で、国会がそれを承認する行為が必要である（七三条三号）。このように、条約の成立には内閣と国会の意思の合致が要求される。かつては、条約の締結は行政部の専権に属していたが、国会がそれに関与するようになってきたことは、世界的にみられる傾向である。

国会の承認は、原則として事前、すなわち批准の前に（全権委員の調印で締結される条約は調印の前に）得られねばならず、緊急の必要その他やむをえない場合に限って、事後にされる。この承認について、予算の場合と同様に衆議院の強い優越が認められている（六一条）。国会は承認するにあたって修正ができるか。条約の内容を外国と交渉してとりきめるのは内閣の権限であるから、国会は全体として承認するか否かで、修正はできない。かりに修正したときは、承認を拒否したことになろう。ただ実際上は、内閣が国会の修正議決にしたがって再交渉すべきであると考えるときは、それによって交渉をすすめることになろう（相手国がそれを拒否すれば条約は不成立となる）。国会の承認が得られなかった条約はどうなるか。事前の場合は、条約は効力を生ぜず、条約は成立しえない。事後の場合は、国内法的効力に関しては条約は失効するが、たとえば、ある行政協定が国会の承認を要するかどうかのように、憲法の条約締結の手続条項は解釈上不明確なため、要件をみたしたかどうかが相手国に容易にわからないことも多い点からみて、国際法的効力は、不承認の場合失効することを留保していないかぎり失われず、日本はなお国際法上は拘束されると思われる（したがって実際上内閣は相手国に条約の取消または改廃を申し入れることになろう）。

条約の形式的効力については争いがある。日本国憲法が国際協調主義をたてまえとし、条約の誠実な遵守を定めていることからみて、それが強い効力をもつことはたしかであり、法律にまさることは異論がない。国会が条約の成立に関与することからも、国家間の合意という条約の特殊性からも、そう考えてよい。問題は憲法との関係である。国際協調主義の強調、九八条一項および八一条が条約をとくにあげていないこと、すべての国家機関が条約を誠実に遵守しなければならないことなどから、条約が優位するという立場も有力である。しかし、国際協調主義から直ちに条約優位を帰結しえないし、国際法秩序にもなお国家主権の思想が生きている。また、条約締結権そのものが憲法の授権にもとづくもので、その権能で憲法を変更するのは無理であり、条約締結という簡易な手続によって、国民主権と結びついた厳格な憲法改正手続によらないで、憲法を改変できる効果をあげうるとするのは、妥当でない。そして、条約が憲法に優先すれば、憲法秩序とならんで、条約を頂点とする法秩序が存在し、国の法秩序が統一を欠くことにもなろう。これらの理由からみて、憲法が条約に優越すると解される（このため条約を締結するとき、憲法との抵触を避ける努力が必要になる。人種差別撤廃条約について、表現の自由を侵す可能性のある四条(a)(b)を留保しているのはその例である）。ただ、すでにのべたように、条約自体に対する裁判所の違憲審査は、きわめて限られたものであろう。なお、条約を一律に扱うのではなく、たとえば国際人権規約のような普遍性をもつ多国間の条約は、国内法としても憲法にほぼひとしい効力をもつと考えてよいであろう。

事 項 索 引

あ 行

か 行

さ　行

た　行

な　行

は　行

ま　行

や　行

ら　行

わ　行

判　例　索　引

最高裁判所（日付の後の〔大〕は大法廷，〔決〕は決定，その他は判決）

昭和 23・3・12〔大〕刑集 2 巻 3 号 191 頁……165
昭和 23・5・5〔大〕刑集 2 巻 5 号 447 頁……166
昭和 23・5・26〔大〕刑集 2 巻 6 号 529 頁……83
昭和 23・6・23〔大〕刑集 2 巻 7 号 722 頁……43
昭和 23・7・8〔大〕刑集 2 巻 8 号 801 頁……243
昭和 23・7・29〔大〕刑集 2 巻 9 号 1012 頁……168
昭和 23・7・29〔大〕刑集 2 巻 9 号 1045 頁……167
昭和 23・9・29〔大〕刑集 2 巻 10 号 1235 頁……133, 176
昭和 23・12・27〔大〕刑集 2 巻 14 号 1934 頁……167
昭和 24・6・1〔大〕刑集 3 巻 7 号 901 頁……210
昭和 24・12・21〔大〕刑集 3 巻 12 号 2048 頁……165
昭和 25・2・1〔大〕刑集 4 巻 2 号 73 頁……243
昭和 25・9・27〔大〕刑集 4 巻 9 号 1805 頁……169
昭和 25・10・11〔大〕刑集 4 巻 10 号 2037 頁……140
昭和 25・11・9 民集 4 巻 11 号 523 頁……72
昭和 26・4・4〔大〕〔決〕民集 5 巻 5 号 214 頁……123
昭和 27・2・20〔大〕民集 6 巻 2 号 122 頁……150, 233
昭和 27・2・22 民集 6 巻 2 号 258 頁……16
昭和 27・8・6〔大〕刑集 6 巻 8 号 974 頁……157
昭和 27・10・8〔大〕民集 6 巻 9 号 783 頁……228
昭和 28・1・16〔大〕〔決〕民集 7 巻 1 号 12 頁……210
昭和 28・4・8〔大〕刑集 7 巻 4 号 775 頁……43, 181
昭和 28・4・15〔大〕民集 7 巻 4 号 305 頁……228
昭和 28・7・22〔大〕刑集 7 巻 7 号 1562 頁……43
昭和 28・12・23〔大〕民集 7 巻 13 号 1523 頁……174
昭和 29・7・16 刑集 8 巻 7 号 1151 頁……168
昭和 29・11・24〔大〕刑集 8 巻 11 号 1866 頁……155
昭和 30・1・26〔大〕刑集 9 巻 1 号 89 頁……171
昭和 30・4・22 刑集 9 巻 5 号 911 頁……258
昭和 30・12・14〔大〕刑集 9 巻 13 号 2760 頁……163
昭和 31・5・30〔大〕刑集 10 巻 5 号 756 頁……226
昭和 31・7・4〔大〕民集 10 巻 7 号 785 頁……150

昭和 32・3・13〔大〕刑集 11 巻 3 号 997 頁 ……158
昭和 33・2・17〔大〕〔決〕刑集 12 巻 2 号 253 頁 ……157
昭和 33・3・28 民集 12 巻 4 号 624 頁 ……206
昭和 33・5・1 刑集 12 巻 7 号 1272 頁 ……257
昭和 33・5・28〔大〕刑集 12 巻 8 号 1718 頁 ……169
昭和 33・7・9〔大〕刑集 12 巻 11 号 2407 頁 ……257
昭和 33・9・10〔大〕民集 12 巻 13 号 1969 頁 ……172
昭和 33・10・15〔大〕刑集 12 巻 14 号 3305 頁 ……261
昭和 33・10・15〔大〕刑集 12 巻 14 号 3313 頁 ……252
昭和 34・12・16〔大〕刑集 13 巻 13 号 3225 頁 ……108, 112, 244
昭和 35・6・8〔大〕民集 14 巻 7 号 1206 頁 ……229
昭和 35・7・20〔大〕刑集 14 巻 9 号 1243 頁 ……155
昭和 35・10・19〔大〕刑集 14 巻 12 号 1574 頁 ……48
昭和 35・10・19〔大〕民集 14 巻 12 号 2633 頁 ……210
昭和 36・2・15〔大〕刑集 15 巻 2 号 347 頁 ……131
昭和 37・3・7〔大〕民集 16 巻 3 号 445 頁 ……185
昭和 37・3・14〔大〕民集 16 巻 3 号 537 頁 ……76
昭和 37・5・2〔大〕刑集 16 巻 5 号 495 頁 ……168
昭和 37・5・30〔大〕刑集 16 巻 5 号 577 頁 ……260
昭和 37・11・28〔大〕刑集 16 巻 11 号 1577 頁 ……49, 162
昭和 38・3・27〔大〕刑集 17 巻 2 号 121 頁 ……96
昭和 38・5・15〔大〕刑集 17 巻 4 号 302 頁 ……151
昭和 38・5・22〔大〕刑集 17 巻 4 号 370 頁 ……154
昭和 39・2・5〔大〕民集 18 巻 2 号 270 頁 ……69
昭和 39・2・26〔大〕民集 18 巻 2 号 343 頁 ……175
昭和 40・7・14〔大〕民集 19 巻 5 号 1198 頁 ……181
昭和 41・10・26〔大〕刑集 20 巻 8 号 901 頁 ……125, 181
昭和 42・5・24〔大〕民集 21 巻 5 号 1043 頁 ……177
昭和 43・11・27〔大〕刑集 22 巻 12 号 1402 頁 ……174
昭和 44・4・2〔大〕刑集 23 巻 5 号 305 頁 ……182
昭和 44・4・2〔大〕刑集 23 巻 5 号 685 頁 ……182
昭和 44・6・25〔大〕刑集 23 巻 7 号 975 頁 ……158
昭和 44・11・26〔大〕〔決〕刑集 23 巻 11 号 1490 頁 ……145, 147, 157
昭和 44・12・24〔大〕刑集 23 巻 12 号 1625 頁 ……144
昭和 45・6・24〔大〕民集 24 巻 6 号 625 頁 ……127
昭和 45・9・16〔大〕民集 24 巻 10 号 1410 頁 ……128
昭和 45・11・25〔大〕刑集 24 巻 12 号 1670 頁 ……168

昭和 47・11・22〔大〕刑集 26 巻 9 号 554 頁……165, 168
昭和 47・11・22〔大〕刑集 26 巻 9 号 586 頁……131, 171
昭和 47・12・20〔大〕刑集 26 巻 10 号 631 頁……166
昭和 48・4・4〔大〕刑集 27 巻 3 号 265 頁……140
昭和 48・4・25〔大〕刑集 27 巻 4 号 547 頁……182
昭和 48・10・18 民集 27 巻 9 号 1210 頁……174
昭和 48・12・12〔大〕民集 27 巻 11 号 1536 頁……2
昭和 49・11・6〔大〕刑集 28 巻 9 号 393 頁……128
昭和 50・4・30〔大〕民集 29 巻 4 号 57 頁……134, 172
昭和 50・9・10〔大〕刑集 29 巻 8 号 489 頁……155, 260
昭和 51・4・14〔大〕民集 30 巻 3 号 223 頁……69
昭和 51・5・21〔大〕刑集 30 巻 5 号 615 頁……154, 178
昭和 51・5・21〔大〕刑集 30 巻 5 号 1178 頁……182
昭和 52・3・15 民集 31 巻 2 号 234 頁……229
昭和 52・5・4〔大〕刑集 31 巻 3 号 182 頁……182
昭和 52・7・13〔大〕民集 31 巻 4 号 533 頁……152
昭和 53・5・31〔決〕刑集 32 巻 3 号 457 頁……145, 157
昭和 53・7・12〔大〕民集 32 巻 5 号 946 頁……173
昭和 53・9・7 刑集 32 巻 6 号 1672 頁……165
昭和 53・10・4〔大〕民集 32 巻 7 号 1223 頁……126
昭和 55・11・28 刑集 34 巻 6 号 433 頁……158
昭和 56・3・24 民集 35 巻 2 号 300 頁……17
昭和 56・4・7 民集 35 巻 3 号 443 頁……151, 228
昭和 56・4・14 民集 35 巻 3 号 620 頁……144
昭和 56・12・16〔大〕民集 35 巻 10 号 1369 頁……145
昭和 57・7・7〔大〕民集 36 巻 7 号 1235 頁……133, 177
昭和 57・11・16 刑集 36 巻 11 号 908 頁……155
昭和 58・4・27〔大〕民集 37 巻 3 号 345 頁……70
昭和 58・6・22〔大〕民集 37 巻 5 号 793 頁……128
昭和 58・11・7〔大〕民集 37 巻 9 号 1243 頁……69
昭和 59・3・27 刑集 38 巻 5 号 2037 頁……168
昭和 59・5・17 民集 38 巻 7 号 721 頁……69
昭和 59・12・12〔大〕民集 38 巻 12 号 1308 頁……159
昭和 60・1・22 民集 39 巻 1 号 1 頁……172
昭和 60・7・17〔大〕民集 39 巻 5 号 1100 頁……69
昭和 60・10・23〔大〕刑集 39 巻 6 号 413 頁……163
昭和 60・11・21 民集 39 巻 7 号 1512 頁……71

昭和 60・12・20 判例時報 1181 号 77 頁 ……145
昭和 61・6・11〔大〕民集 40 巻 4 号 872 頁 ……159
昭和 62・4・22〔大〕民集 41 巻 3 号 408 頁 ……134, 170, 173
昭和 62・4・24 民集 41 巻 3 号 490 頁 ……146
昭和 63・6・1〔大〕民集 42 巻 5 号 277 頁 ……152
昭和 63・12・22 判例時報 1307 号 113 頁 ……229
平成元・3・7 判例時報 1308 号 111 頁 ……172
平成元・3・8〔大〕民集 43 巻 2 号 89 頁 ……157, 231
平成元・6・20 民集 43 巻 6 号 385 頁 ……15, 107, 244
平成元・9・8 民集 43 巻 8 号 889 頁 ……229
平成元・11・20 民集 43 巻 10 号 1160 頁 ……92
平成 2・9・28 刑集 44 巻 6 号 463 頁 ……124, 159
平成 4・7・1〔大〕民集 46 巻 5 号 437 頁 ……162
平成 4・11・16 裁判集民事 166 号 575 頁 ……125
平成 4・12・15 民集 46 巻 9 号 2829 頁 ……170
平成 5・1・20〔大〕民集 47 巻 1 号 67 頁 ……69
平成 5・2・16 民集 47 巻 3 号 1687 頁 ……152
平成 5・3・16 民集 47 巻 5 号 3483 頁 ……153, 159
平成 5・6・25 判例時報 1475 号 59 頁 ……170
平成 7・2・22〔大〕刑集 49 巻 2 号 1 頁 ……222
平成 7・2・23 民集 49 巻 2 号 281 頁 ……150
平成 7・2・28 民集 49 巻 2 号 639 頁 ……126
平成 7・3・7 民集 49 巻 3 号 687 頁 ……156
平成 7・5・25 民集 49 巻 5 号 1279 頁 ……230
平成 7・6・8 民集 49 巻 6 号 1443 頁 ……69
平成 7・7・5〔決〕民集 49 巻 7 号 1789 頁 ……142
平成 7・12・15 刑集 49 巻 10 号 842 頁 ……126
平成 8・1・30 民集 50 巻 1 号 199 頁 ……152
平成 8・3・8 民集 50 巻 3 号 469 頁 ……151
平成 8・3・15 民集 50 巻 3 号 549 頁 ……156
平成 8・3・19 民集 50 巻 3 号 615 頁 ……127
平成 8・8・28〔大〕民集 50 巻 7 号 1952 頁 ……252
平成 8・9・11 民集 50 巻 8 号 2283 頁 ……70
平成 8・11・18 判例時報 1587 号 148 頁 ……169
平成 9・3・13 民集 51 巻 3 号 1453 頁 ……76
平成 9・3・28 裁判所時報 1192 号 22 頁 ……72
平成 9・4・2〔大〕民集 51 巻 4 号 1673 頁 ……152

平成 9・7・15 判例時報 1617 号 47 頁……………………………………………………76
平成 9・8・29 民集 51 巻 7 号 2921 頁 …………………………………………………159
平成 9・9・9 民集 51 巻 8 号 3850 頁……………………………………………………195
平成 14・9・11 民集 56 巻 7 号 1439 頁…………………………………………………184
平成 16・1・14〔大〕民集 58 巻 1 号 1 頁 ………………………………………………71
平成 17・9・14 判例時報 1908 号 36 頁 …………………………………………………71

高等裁判所

東京高判昭和 29・9・22 行裁例集 5 巻 9 号 2181 頁 ……………………………47, 91
札幌高判昭和 30・8・23 高刑集 8 巻 6 号 845 頁……………………………………210
東京高判昭和 44・12・17 高刑集 22 巻 6 号 924 頁…………………………………195
東京高決昭和 45・4・13 高民集 23 巻 2 号 172 頁 ………………………………144, 147
名古屋高判昭和 46・5・14 行裁例集 22 巻 5 号 680 頁 ……………………………152
札幌高判昭和 51・8・5 行裁例集 27 巻 8 号 1175 頁 ……………………………107, 229
東京高判平成 4・12・18 高民集 45 巻 3 号 212 頁 …………………………………174

地方裁判所

東京地判昭和 28・10・19 行裁例集 4 巻 10 号 2540 頁 ……………………………47, 91
東京地決昭和 29・3・6 判例時報 22 号 3 頁…………………………………………194
東京地判昭和 37・1・22 判例時報 297 号 7 頁………………………………………195
東京地判昭和 37・2・26 判例時報 291 号 8 頁 ………………………………………95
東京地判昭和 39・9・28 下民集 15 巻 9 号 2317 頁…………………………………143
旭川地判昭和 43・3・25 下刑集 10 巻 3 号 293 頁 …………………………………128
東京地判昭和 45・7・17 行裁例集 21 巻 7 号別冊 1 ………………………………158
札幌地判昭和 48・9・7 判例時報 712 号 24 頁………………………………………107
札幌地裁小樽支判昭和 49・12・9 判例時報 762 号 8 頁 ……………………………70
水戸地判昭和 52・2・17 判例時報 842 号 22 頁 ……………………………………108
徳島地判平成 8・3・15 判例集未登載 …………………………………………………261

憲法条文索引

著者紹介
1919年生
1943年　東京大学法学部卒業
元東京大学教授

憲法入門〔第4版補訂版〕　有斐閣双書

1966年10月30日　初　版第1刷発行
1979年5月25日　新　版第1刷発行
1993年11月30日　第3版第1刷発行
1998年3月30日　第4版第1刷発行
2006年3月15日　第4版補訂版第1刷発行
2020年9月10日　第4版補訂版第17刷発行

著者　伊《い》藤《とう》正《まさ》己《み》
発行者　江草貞治
発行所　株式会社 有斐閣
郵便番号101-0051
東京都千代田区神田神保町2-17
電話　(03)3264-1314〔編集〕
　　　(03)3265-6811〔営業〕
http://www.yuhikaku.co.jp/

印刷・株式会社精興社／製本・牧製本印刷株式会社

ISBN4-641-11263-0